Bretagne

Mythen und Legenden

Bilder von
Tina und Horst Herzig

Texte von
Ernst-Otto Luthardt

Inhalt

Erste Seite:
Wie ein Bündel steinerner Lanzen ragen die Türme von Schloss Turpault (Côte Sauvage, Halbinsel Quiberon) in den Himmel. Das Bauwerk, das so aufdringlich das Mittelalter zitiert, ist in Wahrheit nur rund 100 Jahre alt.

Seite 2/3:
Rund 5000 Jahre zählt dieses Ganggrab im Weiler Mougau-Bihan (Monts d'Arrée). An den Innenwänden finden sich mehrere rätselhafte Gravuren, die als Lanzenspitzen, ein Schwert und vier Blutstropfen gedeutet wurden.

Seite 4/5:
Nicht weit von jener Stelle entfernt, wo heute der Leuchtturm von Meen Ruz (Ploumanac'h) sein Licht verstreut, soll jener steinerne Trog an Land gespült worden sein, der den heiligen Guirec von Wales bis an die bretonische Küste getragen hat.

Seite 8/9:
Blick auf den berühmten Pfarrbezirk von Guimiliau. Der Name des Ortes geht auf den Fürsten Miliau zurück, der von seinem Bruder Rivos um die Ecke gebracht wurde. Während man sich über den Zeitpunkt des Geschehens nicht so ganz einig ist – entweder Ende des 6. oder des 8. Jahrhunderts – steht zweifelsfrei fest, dass der Heilige sowohl bei Rheumatismus als auch bei Abszessen Wunder wirkt.

Finis terrae – das Ende, das ein Anfang ist …

Finis terrae – das Ende, das ein Anfang ist ...

Ich habe nicht mehr so gute Ohren, wie sie unsere Großväter hatten, ich höre nicht mehr die Feen singen, und auch der Teufel kommt nicht mehr um Mitternacht Karten spielen“ – klagte vor fünfunddreißig Jahren ein Mann aus Locronan im Gespräch mit František Kožík, dem Autor eines der gescheitesten und poetischsten Bücher, die es über die Bretagne gibt.

Seite 10/11: *Wie ein von Riesen angelegter steinerner Pfad muten diese Felsbrocken vor dem Leuchtturm von Pontusval an. Doch seit Langem lassen sich jene nicht mehr sehen.*

Heute wissen wir, dass besagter Verlust nicht nur dem Alter, sondern auch unserer Zeit geschuldet ist, in der die Zwiesprache mit der Natur schwieriger wird, der Instinkt, die Sinne verkümmern oder fehlgeleitet und die Gefühle, die Sprache des Herzens, immer weniger gebraucht, geschweige verstanden werden.

Dass die bretonischen Sagen und Märchen so ungestüm und fordernd von uns Besitz ergreifen, spricht nicht nur für ihre besondere Beschaffenheit, sondern auch für unsere Träume und Sehnsüchte. Offenbar bedürfen wir erst des Lockrufs der Feen und Teufel, der Zwerge und Riesen, der Druiden und Heiligen, der Ritter und Korsaren, um sie zu wecken.

Die geheimnisvolle Kraft dieser Mythen beschrieb am treffendsten der in Tréguier gebürtige Philosoph und Religionshistoriker Ernest Renan (1823–1892): „Im Herzen unseres bretonischen Volkes“, so seine Erkenntnis, „schlummert ein ewiger Quell des Wahnsinns. Sein Reich, das königliche Feenreich, ist das schönste auf Erden“ ... Wir Kelten „senken unsere Hände in das Innerste des Menschen, und gleich den Hexen des Macbeth ziehen wir sie – angefüllt mit den Mysterien des Unendlichen – wieder heraus.“

Die Bucht der Verstorbenen

„Hier, an der Küste sterben die Menschen nur bei Niedrigwasser; und sie werden nur bei anstehendem Hochwasser geboren, genauer gesagt, bei Flut“, heißt es in Charles Dickens’ Roman „David Copperfield“. Die gleiche Erfahrung machten, auf der anderen Seite des Kanals, die

Der Sage nach wurde die erste Kapelle bei Brignogan-Plage von dem heiligen Pol Aurélien höchstpersönlich errichtet. So geschehen um das Jahr 530. Doch von diesem Bau ist nichts mehr zu sehen. Das heutige Kirchlein stammt aus dem 19. Jahrhundert.

Bretonen: „Bei auflaufendem Wasser können die Sterbenden nicht aus dem Leben scheiden. Empfinden sie doch in diesem Augenblick jene allerletzte Besserung, die kurz vor dem Tode eintritt. Steht das Wasser still, hauchen sie ihr Leben aus, und die zurückflutende See nimmt ihre Seele mit sich fort ..." (Pierre-Jakez Hélias).

Um verunglückte Seeleute zu finden, setzten deren Angehörige ein Roggenbrot mit einer brennenden Kerze ins Wasser. Wenn der Leichnam noch an der Oberfläche schwamm, spürte ihn die leuchtende Barke auf. War er aber schon in den Fluten versunken, konnte auch sie nicht helfen, und man musste woanders nach ihm suchen. Als zentraler Sammelplatz der Toten galten die zwischen der Pointe du Van und der Pointe du Raz gelegene Baie des Trépassés (Bucht der Verstorbenen) sowie die Bucht von Plogoff und die Grotte von Morgat. In letzterer durfte man nur dann nach den Toten Ausschau halten, wenn man sich vorher einer achttägigen Buße unterzogen hatte.

Wie gefährlich es ist, sich mit dem Tod einzulassen, musste auch Léon Marillac erfahren, der für die von seinem Schwager Anatole Le Braz (1859–1926) herausgegebene Sammlung von

Wie in vielen anderen Gotteshäusern der Bretagne ist auch in der unter dem Patronat des heiligen Pol Aurélien stehenden Kirche von Lampaul-Guimiliau der Tod allgegenwärtig. Das Hauptschiff stammt aus dem 16. Jahrhundert. Die Seitenschiffe sowie die Apsis sind jüngeren Datums.

Legenden über den Tod das Nachwort geschrieben hatte. Eigentlich war es nicht allzu weit bis zum Ufer und er guter Hoffnung, als er mit seinem Boot vor Plougrescant Schiffbruch erlitt. Er klammerte sich an einer Klippe fest und versuchte, Hilfe herbeizurufen. Doch genau das Gegenteil geschah: Die Lichter in den Fenstern verloschen. Die Menschen, die glaubten, der Tod würde sie locken, verschlossen sogar die Läden. Erst als es langsam hell wurde, wagten sie sich aus ihren Häusern. Doch da war Marillac bereits tot.

Auf der Insel Ouessant und auf dem Molène-Archipel waren es die Ertrunkenen selbst, die ihrer Witwe oder auch anderen ein Zeichen gaben, woraus diese ersehen konnten, wann und wo der Leichnam angespült wurde. Wenn nicht, bestand trotzdem Hoffnung, dass die Toten – am dritten, sechsten und neunten Tag – doch noch auf die heimatliche Insel zurückfanden. Danach aber war jede Rückkehr ausgeschlossen.

Als der Teufel dem Erzengel Michael den Mont Saint-Michel streitig machte, einigten sich beide auf eine Art sportlichen Wettkampf. Wer am weitesten sprang, sollte den Berg erhalten. Während der Teufel in den – die Bretagne von der Normandie trennenden – Couesnon fiel, schaffte es Michael bis zum Mont Dol.

Für die Leute auf Ouessant ist es noch heute eine Selbstverständlichkeit, sich von ihren Toten auch ohne deren körperliche Anwesenheit zu verabschieden. Bei dem Broella-Ritus (broella = Rückkehr in die Heimat) handelt es sich um eine Art Scheinbestattung, der eine Totenwache vorausgeht. Ein Kreuz aus weißem Wachs symbolisiert dabei den Leichnam.

Auf der Insel der Glückseligen

Der Begriff Finis terrae stammt von den Römern. Für sie war hier, im Westen der Bretagne, die Welt zu Ende. Die Kelten hingegen dachten anders, weiter. Der Tod war für sie auch Neubeginn. „Es gibt drei Seinszustände für beseelte Kreaturen: Der erste ist der von Annwfn (Tiefe), in der ihr Ursprung war. Der zweite ist der von Abred (Sein), den sie durchqueren müssen, um zur Erkenntnis zu gelangen. Der dritte ist der von Gwynfydd (Lichte Welt), worin sie aufgehen werden", heißt es dazu in den „Triades de l' île de Bretagne (1560) des Llewelyn Sion.

Nachdem sich die Toten in der „Baie de Trépassés" versammelt hatten, wurden ihre Seelen, anaon geheißen, von einem Schiff ins Paradies gebracht. Ob das auch heute noch so geschieht, entzieht sich unserer Kenntnis. Dürfen doch jene Seeleute, die das Schicksal dazu bestimmt hat, das Steuer der zwischen den Welten verkehrenden Barke zu führen, kein Sterbenswörtchen darüber verlieren. Das heißt, sie leben gewissermaßen als Fremde unter uns.

Gefahr besteht jedoch nicht nur für die Mannschaft, sondern auch für die Passagiere dieses Schiffes. Das Zauberwasser (an dour mik) der bretonischen Lethe macht nämlich – anders als das aus dem antiken Totenfluss stammende – nicht nur vergessen, sondern löscht außerdem Sprache, Geschmacks- und Geruchssinn. Ohne diese dürfte aber auch das Leben einer Seele dieses Namens nicht wert sein.

Wie nicht anders zu erwarten, ist das Ziel des Totenschiffes, die „Insel der untergehenden Sonne", auf keiner Karte verzeichnet. Die üblichen Koordinaten würden hier eh keine Rolle spielen. Jedenfalls liegt sie unvorstellbar weit von uns entfernt. Wenn jedoch die Stunde gekommen ist, bedarf es nur der Flut, um sie zu erreichen. Erkennen – und von Nachahmungen unterscheiden

– kann man sie an dem übernatürlichen Licht, das alles erhellt und verklärt. Außerdem ist dort die Zeit angehalten. Handelt es sich doch um das Land der ewigen Jugend (Bro ar Re Yaouank). Absolute Gewissheit, am rechten Ort zu sein, gibt es also erst nach einer gewissen Wartefrist. Dabei sollte man sich freilich nicht nur auf die Schmeicheleien anderer verlassen, sondern sicherheitshalber selbst in den Spiegel schauen.

Die aus dem Dunkel kamen

Die Kelten tauchten vor rund 2500 Jahren in der Bretagne auf. Während sich die Osismer im Norden des Finistère und die Curiosoliten nahe dem heutigen Saint-Brieuc niederließen, gaben die Namneten Nantes, die Redones Rennes und die Veneter Vannes den Namen. Heillos untereinander zerstritten, fanden diese fünf Stämme erst gegen die Römer zusammen. Doch das half ihnen wenig. Julius Cäsar höchstpersönlich leitete ihre Unterwerfung. Nach der Niederlage der venetischen Flotte im Golf von Morbihan (56 v. Chr.) war es nur noch eine Frage der Zeit, bis sich das ganze Land in der Hand der Römer befand.

Rund 500 Jahre später folgte eine zweite Einwanderungswelle. Die vor den Angeln und Sachsen aus Britannien fliehenden Kelten siedelten praktisch ihre ganze Zivilisation um. Deren geistig-spirituelle Führung lag in den Händen der Druiden, einer Priesterkaste, die sich durch großes naturwissenschaftliches und philosophisches Wissen auszeichnete. Mit den Kelten von der Insel hielt in der „Kleinen Bretagne“ auch das Christentum Einzug. Dabei kam es jedoch nicht zu einer feindlichen Übernahme, sondern eher zu einer Vermischung des alten und des neuen Glaubens. So blieb auch die Erinnerung an die Vergangenheit bis heute lebendig.

Seite 16/17:
Kreuzgang der Kathedrale St. Tugdual in Tréguier. Das Gotteshaus birgt auch das monumentale Grabmal von St. Yves. Der Anwalt und Pfarrer (1253 – 1303) erwarb sich mit seinem Engagement für die Armen und Entrechteten einen legendären Ruf. Als einer der wenigen von den Bretonen verehrten Heiligen wurde er auch von Rom anerkannt, das immerhin 79 Wundertaten für wahr erklärte.

Der Leuchttum von Eckmühl wirkt düster und martialisch und erinnert eher an eine Festung. Das Bauwerk geht auf die Tochter des Marschalls Davout zurück, der nach seinem Sieg über die Österreicher in der Schlacht bei Eckmühl den Namen dieses Ortes in seinem Fürstentitel führen durfte.

Armor –
Land am Meer

Armor – Land am Meer

Ys, das bretonische Sodom, wurde bis heute nicht wiedergefunden. Doch es kommt auch hier auf den richtigen Zeitpunkt an. Nur wenn die Märzspringflut – die man auch Flut des heiligen Gwennolé nennt – auf einen Karfreitag fällt, zieht sich das Wasser in der Bucht von Douarnenez von selbst so weit zurück, dass die Ruinen der versunkenen Stadt zu sehen sind.

Seite 18/19:
Les Aiguilles de Port-Coton. Zu den vielen prominenten Bewunderern der Belle-Île gehörte auch Claude Monet. Von den Felsnadeln des „Baumwollhafens" an der Westküste der Insel malte er gleich mehrere Ansichten.

Auch wenn sich dieses Wunder bislang noch nicht erfüllt hat, sind die Gezeiten in der Bretagne eine wirkliche Macht. Immerhin bringen sie es innerhalb weniger Stunden zuwege, dass sich der Spiegel des Meeres um bis zu 14 Meter hebt oder senkt. Mehr bewegt als hier wird das Wasser nirgendwo in Europa. Schuld trägt, wie Herr Newton schon vor mehr als 300 Jahren herausgefunden hat, vor allem der Mond. Aber auch die Sonne und die Erde selbst sind am Wechselspiel von Schwer- und Fliehkraft beteiligt. Die Flut, das Ansteigen des Wassers, und die Ebbe, das Absinken, dauern in der Bretagne etwa 6 1/4 Stunden. Wenn Erde, Mond und Sonne auf einer halbwegs geraden Linie stehen, also bei Voll- oder Neumond, wirken ihre Kräfte zusammen. Es kommt zu Springfluten und der Tidenhub, wie die Differenz zwischen Hoch- und Niedrigwasser bezeichnet wird, ist dann besonders groß.

Bei Ploumanac'h. Die gen Ufer donnernden Wellen brechen sich mit Getöse am Fels. Das Wasser verwandelt sich in weiße Gischt. Einmal mehr, einmal weniger. So, wie es der Wind will.

Auf eine verheerende Flutkatastrophe ist auch die exponierte Lage des Mont Saint-Michel zurückzuführen. So geschehen zu Beginn des 8. Jahrhunderts, als das Wasser jene markante Festlandsklippe zur Insel machte, auf der dann die Klosterstadt erbaut wurde.

Die Todesklippen

Den Malstrom gibt es nicht nur in Norwegen oder bei Edgar Allen Poe, sondern auch in der Bretagne. Der berüchtigste Küstenabschnitt ist der Raz de Sein, wo eine starke Meeresströmung von bis zu 10 Knoten sowie unter dem Wasser verborgene Klippen über Jahrhunderte hinweg Schiffe und Menschen verschlungen haben und bis heute ihre Opfer fordern. Dass sich ausge-

rechnet hier die „Bucht der Verstorbenen" befindet, ist also alles andere als ein Zufall.

Nicht weniger gefährlich ist das Fahrwasser um die Insel Ouessant. Schiffe, die in den Sog des „Fromrust" geraten, müssen gegen eine Strömung von 13 Stundenkilometern ankämpfen. Und danach, je nach Kurs, wartet vielleicht noch der nicht weniger gefährliche „Fromveur" auf sie.

Gefürchtet sind auch jene schwarzen Riffe, die die Hafeneinfahrt von Penmarc'h versperren. Dabei waren sie schon einmal weg, sind dann aber wieder zurückgekommen. Die unglaubliche Geschichte begann damit, dass der Ritter Arveragus de Kerrud nach Britannien aufbrach und seine Gattin Dorigen allein zurückließ. Da sie nicht nur jung, sondern auch bildschön war, verliebte sich ein Knappe namens Aurelius in sie und gestand ihr, dass er ohne sie nicht mehr leben könne. Dorigen zog die Sache ins Lächerliche: Ehe sie sich dazu entschließen könne, ihm zu gehören, müsse er die bewussten Klippen wegzaubern.

Doch sie kannte Aurelius beziehungsweise den von ihm herbeigerufenen Magier nicht. Gelang es dem doch tatsächlich, das Riff verschwinden zu lassen. So blieb Dorigen nichts anderes übrig, als ihrem gerade heimgekehrten Gatten ihre Dummheit zu beichten. Dieser, ein wirklicher Mann von Ehre, bedeutete jedoch seiner Frau, dass sie ihr Versprechen halten und Aurelius in allem zu Diensten sein müsse. Glücklicherweise stand der Knappe seinem Herrn an Charakter nicht nach. Von Arveragus' Entscheidung tief beeindruckt, schickte er Dorigen wieder zu ihrem Gatten zurück. Dem Zauberer wurde es angesichts von so viel Selbstlosigkeit zu bunt. Er ließ die Klippen wieder auftauchen und verschwand.

Le Gouffre, der Schlund, wird dieser besonders eindrucksvolle Küstenabschnitt an der Côte du Goëllo geheißen.

In den Fängen der Nebelgeister

Einmal in die Bredouille geraten, tun sich normale Leute auch in der Bretagne schwer, wieder herauszukommen. Wogegen Heilige und andere Privilegierte immer wieder einen Ausweg finden. So auch jener fromme Mann namens Leonorius, der vor rund 1500 Jahren mit 72 Gefährten von Britannien nach Armor übersetzte. Nachdem sie

Als vermeintlich endlose Spirale windet sich die Treppe des Leuchtturms von Eckmühl in die Höhe. Dabei eröffnen sich die verschiedensten Perspektiven. Aufstieg und Aussicht sind übrigens nicht nur dem Personal vorbehalten, sondern stehen auch Besuchern offen.

bereits die Küste vor sich gesehen hatten, versperrte plötzlich dichter Nebel die Sicht, so dass eine Katastrophe unausweichlich schien. Doch Leonorius (Lunaire) behielt die Nerven. Zog im festen Gottvertrauen sein Schwert und durchteilte die Schwaden. Natürlich hat sich die Sache wie ein Lauffeuer herumgesprochen, so dass besagtes Schwert beziehungsweise die Dienstleistung des Heiligen inzwischen auch von einfachen Fischern und Seeleuten angerufen werden. Ob das immer klappt, ist freilich eine andere Sache …

Unter denen, die es Leonorius nachtaten, war auch ein Sieur de Barach. Allerdings bediente der sich zum Zerteilen des Nebels nicht eines Schwertes, sondern der Hilfe der Jungfrau Maria. So geschehen im 16. Jahrhundert auf der Höhe der Sept-Îles. Als Beweis für den Wahrheitsgehalt seiner Geschichte wird auf dem Steilufer zwischen Perros-Guirec und Ploumanac'h die Kapelle Notre-Dame de la Clarté gezeigt, die er – zum Dank für seine Errettung – an jener Stelle erbaut haben soll, an der er wieder seinen Fuß auf festen Boden gesetzt hatte.

Danach verstrich wieder viel Zeit, ehe man – 1866 – auf der Insel Ouessant eine neue Etappe im Kampf gegen den Nebel einläutete, bei der man nicht auf die Heiligen, sondern auf die Technik setzte. Das Nebelhorn wurde zunächst durch zwei Pferde und später durch eine Dampfmaschine betrieben. Sein seltsam-schauriges Hupen ängstigte vermutlich die Steuermänner der vorbeifahrenden Schiffe noch mehr, als sie es schon waren.

Lichter in dunkler Nacht

Das älteste Leuchtfeuer der Bretagne soll auf dem höchsten Berg der Insel der Seligen lodern. Da aber noch niemand von dort zurückgekommen ist, bleiben alle Berichte darüber Spekulation. Gleiches trifft auch für jene Lichter zu, die nicht zur Orientierung der Seeleute, sondern zu deren Irreführung dienten. Obwohl die Strandräuberei nicht wegzureden ist, hört man derlei nicht gern. Umso schöner klingt die Geschichte vom Glockenturm der Abtei Saint-Mathieu, der einen bemerkenswerten Beitrag zur Seelenrettung leistete, indem er auch als Leuchtturm diente. Das Licht der Laterne, die man ihm 1740 aufsetzte, wurde durch 60 Spiegel verstärkt.

Schon zur Römerzeit wiesen Feuer am Ufer des Ärmelkanals den Schiffen den Weg. Systematisch, also Abschnitt für Abschnitt, wurde die bretonische Küste im 19. Jahrhundert beleuchtet. Der berühmteste Leuchtturm steht auf einem winzigen Stück Felsen nahe der Île de Sein, die nur zwei Meter höher als der Meeresspiegel ist. Da es dort nicht nur eine starke Strömung, sondern auch viel Nebel gibt, war die Passage eine echte Mutprobe. „Wer Sein sieht, sieht sein Ende“, verbreitete der Volksmund. Also musste möglichst schnell ein Leuchtturm her. Wie schnell, bestimmte der Atlantik. Stand doch der für den Bau bestimmte Felsen immer wieder unter Wasser. Im ersten Jahr ließ er es ganze siebenmal zu, dass man ihn bearbeitete. Die Männer, die sich dafür gemeldet hatten, riskierten ständig ihr Leben. Sie kamen mit der Arbeit nur in kleinsten Schritten voran. Und das Meer machte auch diese oft genug wieder zunichte. So brauchte es 14 Jahre Mühen und Qualen in der „Hölle der Hölle“, bis das Bauwerk seiner Bestimmung übergeben werden konnte.

Nicht selten wurden Leuchttürme auch zu Gefängnissen. Bei Sturm waren die Wärter vollkommen von der Außenwelt abgeschnitten. Am längsten, 101 Tage, Herr Fouquet auf Ar-Men. So geschehen im Jahre 1923. Aber auch später gab es für die Männer, die hier ausharren mussten, immer wieder Anlass, um ihr Leben zu fürchten. So zitterten bei starkem Sturm nicht nur sie, sondern auch die Mauern.

Als er auf seiner Kate eine schwarze Trauerfahne wehen sah, sorgte sich der Wärter des Leuchtturms du Four bei Argentan mehr um das Leben seiner Angehörigen als um sein eigenes. Doch

Alt und Neu eng beisammen: Die Ruinen der Abtei St. Mathieu, die im sechsten Jahrhundert gegründet wurde, sowie der 37 Meter hohe Leuchtturm aus dem Jahre 1865. Der Legende nach soll in dem Kloster das Haupt des heiligen Matthäus aufbewahrt worden sein. Die roten Kreuzblumen auf den Mauern erinnern noch heute daran, dass der Stifter des Klosters versehentlich seine Schwester getötet hat.

Die steinerne Muttergottes auf der Pointe du Raz (Halbinsel Sizun) ist für die Schiffbrüchigen zuständig. Falls sie deren Leben nicht retten kann, sorgt sie zumindest für Nordwind, der die Seelen in das Paradies weht, und hält den Wind aus südwestlicher Richtung fern. Der würde sie nämlich in einen gespenstischen Ozean treiben, wo der Nebel dichter ist als Wasser und der Mond bleicher als der Körper der Verstorbenen.

der Wind blies so stark, dass seine Ablösung nicht möglich war. Und ein Mobiltelefon, das ihm Aufklärung hätte liefern können, gab es damals auch noch nicht. So konnte er erst nach einigen Tagen aufs Festland übersetzen, wo er erfuhr, dass seine Frau gestorben war.

Die tollkühnen Männer auf ihren schwimmenden Steinen

Einige jener keltischen Clanchefs, die vor den Angeln und Sachsen in die Bretagne emigrierten, beeindruckten schon bei ihrer Ankunft die Massen. Waren doch ihre Boote weder aus Leder, noch aus Holz, wie damals allgemein üblich, sondern aus Stein. Die Einheimischen kamen jedenfalls aus dem Staunen nicht mehr heraus. Vor allem, weil die Wunder bislang ausschließlich auf das Konto der Druiden gingen. Doch die Kollegen von jenseits des Kanals beriefen sich auf ganz andere Bosse. Konkret: Es ging nur um einen einzigen, der die Zuständigkeiten und Fähigkeiten aller in sich vereinte. Und der wohnte nicht in den Bäumen und Pflanzen oder in einer Quelle, sondern droben im Himmel.

Der heilige Guirec war aus Wales mit einem Granittrog herübergekommen. In der Bucht von Ploumanac'h, wo er seinen Fuß auf bretonischen Boden gesetzt hatte, errichtete man ein Oratorium mit seinem hölzernen Abbild. Doch dem erging es nicht besonders gut. Schuld daran trugen die heiratswütigen Mädchen der Gegend, die – in der Hoffnung, dass er ihnen einen Ehemann zuführe – den armen Heiligen mit Nadeln traktierten. Dass er trotz dieses Martyriums tat, was man von ihm verlangte, spricht für seine sprichwörtliche Gutmütigkeit.

Auch der heilige Houardon gehörte zu den Missionaren, die sich eines dieser originellen steinernen Wasserfahrzeuge bedienten. Sein Leben und Wirken ist eng mit Landerneau verknüpft, dessen Gotteshaus auch seinen Namen trägt.

Obwohl er und die anderen sich die allergrößte Mühe gaben, hatten sie gegenüber einem Iren namens Ronan nicht die Spur einer Chance. Stahl der ihnen doch schon bei seiner Ankunft die Show, indem er auf einem ganz gewöhnlichen Felsbrocken übers Wasser kam. Doch damit war

der Wunder noch nicht genug. Der Stein erwies sich nämlich als Amphibienfahrzeug. Kaum am Ufer angelangt, verwandelte es sich in einen Schimmel und trug den nachmaligen Heiligen mit sich davon.

Trotz dieser spektakulären Einlage wollten die Leute zunächst nichts von dem Gott, den Ronan vertrat, wissen. Kein Wunder, dass er schon bald die Faxen dicke hatte und sich als Einsiedler in die Wälder zurückzog, von wo aus er sein Missionierungswerk fortsetzte. Zu diesem bizarren Mann, nach Ernest Renan „mehr Erdgeist als Heiliger", passt auch, dass er sich seine letzte Ruhestätte selbst aussuchte. Die Wallfahrten zu seiner Grabeskirche in Locronan gehören zu den größten der Bretagne.

Ein klösterlicher Sündenpfuhl

Als man dem Abälard ins Grab
der Heloise Leichnam gab,
streckt' er die Arme aus, sie liebreich zu bedecken –
sonst hatt' er nichts mehr auszustrecken…

lästerte Abraham Gotthelf Kästner (1719–1800), geistreicher Epigrammatiker der deutschen Aufklärung, über eines der berühmtesten Liebespaare aller Zeiten. Obwohl deren – vor allem tragische, aber auch nicht einer gewissen Komik entbehrende – Beziehung schon 900 Jahre zurückliegt, haben die von Abälard zu Papier gebrachte „Leidensgeschichte" sowie sein Briefwechsel mit Héloise bis heute nichts von ihrer Faszination verloren – was bei einer solch tollen Story allerdings auch kein Wunder ist ...

Als sich Petrus Abälard, damals schon als Theologe und Philosoph weithin berühmt, und seine zwanzig Jahre jüngere Schülerin Héloise im Jahre 1117 zum ersten Male gegenüberstanden, war beiden klar, dass sie nie mehr voneinander lassen konnten. Das mussten sie jedoch schon nach zwei Jahren, als ihr Verhältnis aufflog. Nach der von Héloises Onkel veranlassten Entmannung Abälards wurde dieser Mönch. 1128 kam er von Saint-Denis in Paris an den Golf von Morbihan – und erlebte dort sein blaues Wunder. Der Lebenswandel der Mönche von Saint-Gildas-de-Rhuys war „barbarisch, das Kloster zu einem wilden Freudenhaus verkommen." Als er einzugreifen versuchte, überlebte er nur mit Glück einem Giftanschlag. So blieb ihm kein anderer Ausweg als die Flucht.

Seite 26/27:
Angesichts der von der Natur gestalteten Felsenwelt der Granitküste mutet die Zugabe aus Menschenhand recht bescheiden an. Jedenfalls kann dieses Schlösschen, dessen Erbauer durchaus ein ehrbarer Christenmensch gewesen sein mag, dem nahegelegenen „Teufelsschloss" nicht das Wasser reichen.

Macht der Gezeiten

Felsentore wie dieses findet man gleich mehrere an der Côte Sauvage. Die Sagen, die sich um sie ranken, handeln sowohl von irdischer als auch von höllischer Personnage, sprich: dem Teufel.

Jules Michelet, geboren 1798 in Paris, gestorben 1874 in Hyères, wurde in seinem Heimatland vor allem durch seine opulenten Geschichtswerke berühmt. Darüber erfreute sich aber auch seine lyrisch-naturwissenschaftliche Beschreibung „Das Meer" großer Beliebtheit. Dort heißt es unter anderem: „Wo die Bretagne sanft ist, ist sie sehr sanft. Doch wo sie stark ist, ist sie auch erhaben. So schließt das Meer das Herz auf." Und: „Der mächtige Wind und das starke Meer wären in ihrem ewigen Kampf in der Lage, selbst Tote wiederzuerwecken."

Seite 32/33:
Nicht wenige Bretonen meinen, dass die Pointe de Penhir die berühmtere Pointe du Raz an elementarer, wilder Ursprünglichkeit noch übertrifft. Die Sage erzählt, dass es sich bei den drei vorgelagerten Felsen im Meer um Erbsenhaufen (Tas de Pois) handelt, die einst einem fliehenden Zyklopen hinterhergeworfen wurden.

Die Strände der Bretagne sind Fundstellen – nicht nur für Naturwissenschaftler, sondern für all jene, die offen sind für Botschaften, die weniger durch den Verstand, sondern eher mit dem Herzen entschlüsselt werden wollen. Ob Algen, Muscheln oder andere Tiere und Pflanzen – sie alle tragen ein Geheimnis in sich, an dem sie uns unter bestimmten Umständen teilhaben lassen.

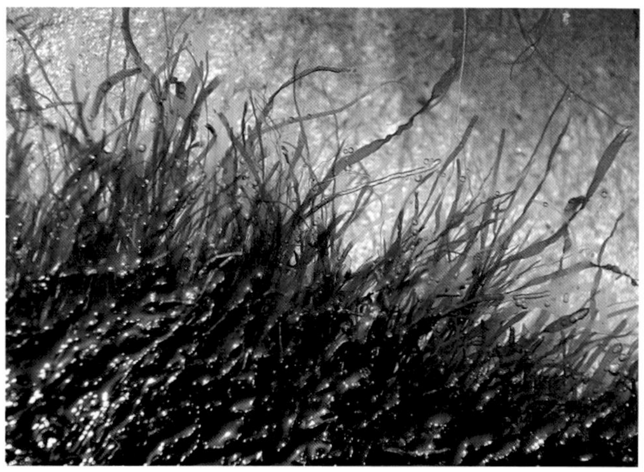

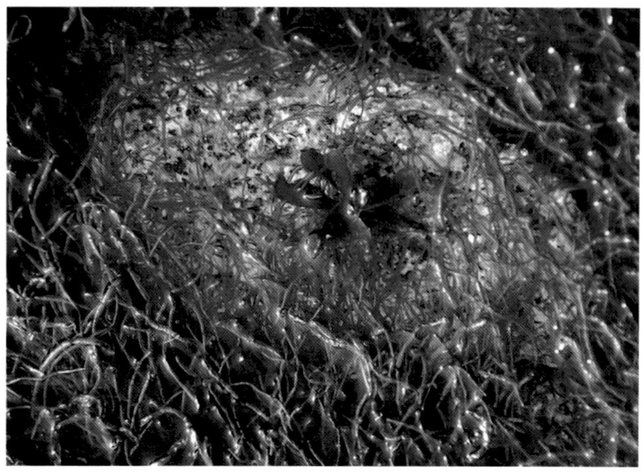

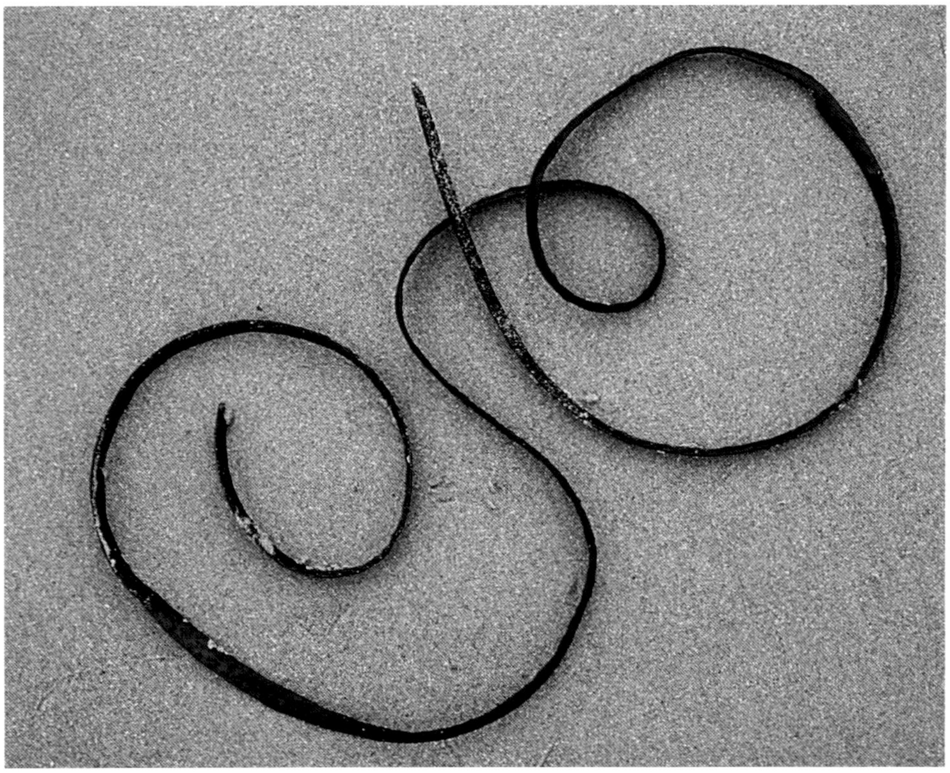

Selbst die tote Materie ist voller Rätsel. Siehe diesen Strand, wo Meer und Sand wie die Spitzen eines Reißverschlusses ineinandergreifen.

„Im dicht bedeckten Himmel waren hie und da Risse, wie Öffnungen in einem Gewölbe, durch die breite, rosigsilberne Strahlen herabfielen. Die tieferen Wolkenschichten bildeten ein dichtes Schattengelände, rings um die Wasser sich lagernd und die Fernen mit Unsicherheit und Dunkelheit füllend. Sie gaben das Gefühl eines geschlossenen Raumes, einer Grenze; sie waren wie Vorhänge vor die Unendlichkeit gezogen, wie Schleier, die allzu gewaltige Ereignisse verbergen sollten, Geheimnisse."

PIERRE LOTI, „ISLANDFISCHER"

Der Stein steht für das Alter der Erde, die ihre Jahre in Härte zählt. Keine Form ist ihm fremd. So ist es ihm ein Leichtes, Herz zu sein. Mal rund, ein andermal kantig oder spitz, kann er sowohl Schmerzen bereiten als auch schmeicheln. Von Natur aus kalt, verträgt er ebenso Wärme.

Eigentlich steht er für sich selbst. Doch auch als Behältnis bewahrt er seinen Charakter.

Den Druiden war er so vertraut, dass sie zu und mit ihm sprachen.

Baie de Trépassés (oben), Côte de Sauvage (unten).

„Schon von weitem sah ich sie herankommen. Sie riss sich ihre Bahn durch all die wandernden Schaumkämme, ihre Gischt flog vor ihr einher, und sie brauste und zischte wie eine Schnellzuglokomotive. So groß und ungestüm war sie, dass sie sich inmitten der anderen Wogen ausnahm wie die rasende Wildsau unter den Frischlingen. Dann prallte die ungeheure Wassermasse gegen die Klippen."

Bernhard Kellermanns (1879–1951) Roman „Das Meer", in dem er sich als einer der letzten schreibenden Seeliebhaber outet, spielt auf der Insel Ouessant. Sein bekanntestes, in viele Sprachen übersetztes Buch ist „Der Tunnel".

Waffenstillstand auf Zeit. Die nächste Runde zwischen Land und Meer wird mit Sicherheit bald eingeläutet.

Oben: an der Granitküste. Unten: Blick über die Pointe de Penhir.

L'Ankou oder
Der Tod auf Bretonisch

Es war einmal ein Bretone, der für seinen neugeborenen Sohn einen Gevatter suchte. Gerecht sollte der vor allem sein. Doch das war gar nicht so leicht. Nach etlichen Anläufen geriet er schließlich an eine Person, die zugegebenermaßen nicht den besten Eindruck machte und eine Sense bei sich trug. Die beiden kamen miteinander ins Gespräch und nachdem der Fremde erfahren hatte, worum es dem Mann ging, bot er sich als Pate an. „Ich glaube, ich bin der, nach dem du suchst. Verrichte ich doch meine Arbeit bei Königen und Untertanen, Jungen und Alten, Schwachen und Starken, ohne mich durch Tränen, Drohungen, Bitten oder gar Geld bestechen zu lassen. Einen gerechteren als mich wirst du nirgendwo finden." „Das sagen sie alle", entgegnete der Mann und schüttelte den Kopf. „Wer seid Ihr denn?"

Natürlich war es der Tod, der sich auf diese Weise ins Spiel gebracht hatte und hierzulande Ankou geheißen wird. Der bretonische Schriftsteller Anatole Le Braz wuchs in Ploumilliau auf, wo im südlichen Seitenschiff der Kirche der Tod wartet. Und zwar als furchterweckendes Gerippe und früher sogar in zwiefacher Ausfertigung. Die Figuren wurden jeweils nach dem Ableben eines Gemeindemitgliedes aufgestellt, um die Lebenden zu mahnen. Doch offensichtlich nahmen sie ihre Aufgabe zu ernst und erschreckten einen Ministranten so sehr, dass er in Ohnmacht fiel.

Rechts:
Während für uns Menschen die Begegnung mit Tod und Teufel (Ploumanac'h) gleichermaßen ein Alptraum ist, gibt es über das Verhältnis der beiden untereinander widersprüchliche Auffassungen.

Ganz rechts:
Der Ende des 15. Jahrhunderts aufgetragene Totentanz von Kermaria-an-Iskuit-en-Plouha war lange Zeit unter einer Putzschicht verborgen und wurde erst 1856 wieder freigelegt. Auf dem Foto tanzt der Tod mit einem Erzbischof.

Beim richtigen Ankou wäre die Sache freilich nicht so glimpflich abgelaufen wie bei diesem hölzernen. Wem der sich zeigt, der verliert sein Leben. Doch meistens hört man ihn nur, wenn er mit seinem ratternden Karren durch die Lande zieht. Und ein jeder hofft, dass der Kelch noch einmal an ihm vorübergeht.

Derlei Angst vor dem Sterben war den Kelten fremd. Ihr sprichwörtlicher Mut auf dem Schlachtfeld fußte auf der Überzeugung, dass der Tod nur „die Mitte eines langen Lebens" ist (Lukan, De bello civili).

In Le Braz' Buch „Légende de la mort chez les Bretons armoricains" findet sich nachfolgende Geschichte von einem Handwerker namens Fanch-ar-Floch, der am Weihnachtsabend unbedingt noch seine Arbeit zu Ende bringen wollte und sogar das Läuten der Wandlungsglocke ignorierte. Da stand plötzlich ein Fremder vor der Tür und bat ihn, seine Sense zu reparieren – was er auch tat. Doch anstatt für die Arbeit gelöhnt zu werden, erfuhr der Frevler, dass dies seine letzte gewesen sei. Und so geschah es auch: Beim ersten Krähen des Hahns gab Fanch-ar-Floch, der die Sense des Ankou geschmiedet hatte, seinen Geist auf.

Die Sense ist nicht das einzige Attribut des Unheimlichen. So führt er häufig noch eine Art Spieß sowie eine Schaufel mit sich. Und an der Küste kommt er nicht mit dem Karren, sondern mit dem Boot. Gelegenheit, sich ein genaueres Bild von ihm zu machen, gibt es genug. So in der Kapelle Ste. Anne in Landivisiau und in den Kirchen von Lannédern, Ploudiry, La Roche Maurice und La Martyre. Oder im Jakobinermuseum von Morlaix.

Die Botschaft des grinsenden Ankou über dem Weihwasserbecken der Kirche von La Martyre ist eindeutig und lautet: Auch wenn du das ganze Wasser benutzt, reicht dies nicht, um mich fernzuhalten.

Zeichen in dunkler Nacht

Der Leuchtturm von Pontusval (Côte du Léon) scheint dem Fels entwachsen zu sein. So steht zu befürchten, dass er irgendwann auch wieder darin untertaucht.

Spiegelbilder: Phare d'Eckmühl. 300 000 Franc hinterließ die Marquise de Bloqueville für den Bau dieses Leuchtturms, der den Namen ihres Vaters tragen sollte. Ob sie damit dessen Seele – immerhin hatte er als Kriegsmann Tod und Verderben gesät – zu retten vermochte, ist eine andere Sache.

Leuchtturm an der Pointe de Trévignon (Côte de Cornouaille). Erhellung der anderen Art betrieben nur einige Kilometer entfernt fromme Eiferer, indem sie den großen, etwa sieben Meter hohen Menhir mit einem Kreuz versahen.

Leuchttum auf der Île Vierge, die – nur rund anderthalb Quadratkilometer groß – der Côte du Léon vorgelagert ist.

Seite 48/49:
Am Ende der Welt (Kap Penn ar Bed). Das erste Wunder geschah, als das Schiff mit dem Haupt des Evangelisten Matthäus auf eine Klippe auflief, jedoch – da sich der Fels teilte – nicht unterging. Und als man den Klostergründer zu Grabe trug, wehte zwar ein stürmischer Nordwestwind, doch keine einzige Fackel erlosch. Offensichtlich war das ein gutes Omen für den heutigen Leuchtturm auf der Pointe St. Mathieu.

Ganz links:
Der Große Leuchtturm auf der Belle-Île macht seinem Namen alle Ehre. Er ist fast 50 Meter hoch und sein Licht sieht man noch in einer Entfernung von mehr als 60 Seemeilen.

Links:
Leuchtturm am Cap Fréhel. Die Höhlen der Steilküste sollen von Feen bewohnt gewesen sein. Vor allem bei Flut hörte man häufig das Summen ihrer Spinnräder. Ihr Brot soll nicht nur köstlich geschmeckt haben, sondern auch nie ausgegangen sein.

Linke Seite:
Fast senkrecht fällt das Land an der Pointe du Raz ins Meer. Von der Landbrücke, die ehemals bis zu der kleinen Île de Sein reichte, sind nur noch ein paar Klippen übriggeblieben. Auf der äußersten steht der Leuchtturm de la Vieille.

Ganz links:
Le Palais, der Hauptort der Belle-Île, war einst von großer strategischer Bedeutung. Aus dieser Zeit stammt auch die von Vauban gebaute Zitadelle. An der Mole stehen gleich zwei Leuchtfeuer Spalier.

Links:
Der Leuchtturm von Camaret. Bis in die Dreißigerjahre des vergangenen Jahrhunderts war die auf der Halbinsel Crozon gelegene Ortschaft das Zentrum der Langustenfischerei Frankreichs.

Häuser am Meer

Entgegen allen Befürchtungen stehen die Felsen, zwischen denen das Haus klemmt, fest und unverrückbar. Sie sind also keine Bedrohung, sondern bieten Schutz vor den Stürmen und dem Meer.

Nahe Ploumanac'h erfährt die eh grandiose Granitküste noch einmal eine Steigerung. Finden sich doch hier die fantastischsten Felsformationen. Am frühen Morgen, wenn man noch alleine ist, wirkt diese steinerne Welt besonders geheimnisvoll.

Das kleine Oratorium mitten in der Bucht von Ploumanac'h ist St. Guirec gewidmet. Sein Standbild ist inzwischen nicht mehr aus Holz, sondern aus Stein. Grund für den Austausch waren weniger die Witterungseinflüsse, sondern jene Nadeln, die ihm die Mädchen der Umgebung in die Nase stachen, um dadurch seine Unterstützung bei der Suche nach einem Ehemann zu erwirken.

Zwischen den zyklopischen Felsen ist ein guter Platz, um sich von der Welt zurückzuziehen und nur noch mit der Natur und den Elementen Zwiesprache zu halten.

Saint-Malo – die Königin der Smaragdküste. Namensgeber war ein gewisser MacLaw, den es aus der walisischen Grafschaft Gwent hierher verschlagen hatte. Nachdem er zunächst auf einer kleinen Insel Anker geworfen und Gott für seinen Beistand während der Überfahrt gedankt hatte, stellte sich heraus, dass das Abenteuer noch nicht zu Ende war. Die Insel entpuppte sich nämlich als Wal und begann sich langsam fortzubewegen.

So blieb MacLaw nichts anderes übrig, als noch einmal umzuziehen. Nämlich auf die Insel Cézembre. Und von dort auf die Insel Aron, die seinen Namen bekam: MacLaw – Malo.

Der ungewöhnliche Mann liebte Blumen über alles. Und es störte ihn nicht im geringsten, dass die Vögel ihre Nester in seinen Mantel bauten. Als er im Jahre 627 das Zeitliche segnete, war vorauszusehen, dass er der schweren Bürde, ein Heiliger zu sein, nicht mehr entgehen konnte.

Von bösen Piraten und guten Korsaren

Wer gegenüber einem Malouin die Dummheit begeht, Piraten und Korsaren gleichzusetzen, braucht nicht lange zu warten, um den feinen Unterschied zwischen den beiden erklärt zu bekommen. Nämlich, dass erstere sozusagen auf eigene Rechnung raubten und töteten, letztere aber auf königlichen Befehl handelten. Wodurch sie zu Helden wurden, während die anderen – offiziell zumindest – nicht ganz so gut wegkamen.

Saint-Malo war also eine Korsarenstadt – sagen die Bewohner. Das klingt zwar gut, aber in Wirklichkeit ist das wohl etwas anders gewesen. Jedenfalls sahen die Malouins über Jahrhunderte hinweg ihre liebste Betätigung darin, die Schiffe anderer aufzubringen. Davon profitierten nicht nur die französische Krone, sondern auch sie selbst. Sie wurden, wie es so schön heißt, stinkreich und ließen sogar den König spüren, wer von wem abhängig war. Ja man ging sogar so weit, eine eigene Republik auszurufen (1590).

Die Liste der legendären Seeräuber, die diese Stadt geboren hat, ist lang und voller klangvoller Namen. Dank Hollywood wurde Robert Surcouf (1773–1827) auch bei uns bekannt. So setzte er sich in einem Handgemenge gleich gegen dreizehn Engländer durch. Das heißt, nachdem er zwölf von ihnen niedergestreckt hatte, ließ er den letzten leben und entkommen, damit er die Sache weitererzählen konnte. Als er alles erreicht hatte, was man als ehrbarer Korsar erreichen

Rechts: Die Einwohner von Saint-Malo sind so stolz auf ihre glorreiche Vergangenheit, dass sie den legendären Korsaren – wie Robert Surcouf – Denkmäler gesetzt haben.

Ganz rechts: Zu den vielen Verdiensten des René Dugay-Trouin (1673 – 1736) gehörte auch die Einnahme von Rio de Janeiro im Jahre 1711.

kann und es ihm offenbar leid war, sich immer wieder selbst übertreffen zu müssen, setzte er sich in seiner Heimatstadt zur Ruhe. Eigentlich wollte er sein Heim mit Goldmünzen auslegen lassen. Doch das missfiel dem König, so dass Surcouf nur die Wände blieben, um zu zeigen, dass es ihm an besagtem Edelmetall nicht mangelte.

Kaum nach stand ihm Kollege Duguay-Trouin, der auf eigene Faust, an die 500 Schiffe geentert und es nicht nur im eigenen Lager, sondern auch in Algier, einem nicht minder berüchtigten Zentrum der Seeräuberei, zu etwas gebracht hatte. Oder Porcon de la Barbinais, der zwar nur 25 Jahre alt wurde, aber dennoch unvergessen bleibt. Setzte er doch sein Wort und seine Ehre höher als sein Leben. Von einem algerischen Bei gefangengenommen, versprach er diesem, sich im Gegenzug für seine Freilassung bei König Ludwig XIV. für einen Friedensvertrag zu verwenden. Als der Sonnenkönig nicht darauf einging, kehrte de la Barbinais, wie versprochen, nach Algier zurück, um sich dort hinrichten zu lassen.

Die Plünderung von Schiffen war jedoch nicht nur das Privileg derer von Saint-Malo, sondern nährte auch die Bewohner anderer Orte – so die von Le Conquet und Le Croisic. Graf Hervé von Léon rühmte sich, in Roscoff einen Stein zu besitzen, dessen Wert den eines Diamanten weit überträfe. Gemeint war damit jedoch kein Edelstein, sondern ein Felsenriff, das den Schiffen besonders oft im Wege stand. Auch die Bewohner mancher Inseln, namentlich die der Île de Sein, bedienten sich einer kostengünstigen Form der Piraterie, wozu es nicht einmal eigener Schiffe, sondern nur falscher Lichter brauchte.

Ganz links:
Ein Segelschiff ohne Tauwerk würde sich nicht einen Zentimeter von der Stelle fortbewegen. Für den Laien ist die Verknotung der Seile besonders faszinierend.

Links:
Den bretonischen Korsaren sagte man nach, dass sie sich mit dem Bösen verbündet hätten. Offenbar waren ihre erfolgreichen Beutezüge nur so zu erklären.

Île de Guesclin. Die winzige Felseninsel war schon seit dem 11. Jahrhundert befestigt. Sie trägt den Namen des berühmt-berüchtigten Heerführers Bertrand du Guesclin, der im Bretonischen Erbfolgekrieg (1341–1365) die Truppen Charles de Blois' befehligte.

Das Fort la Latte sieht nicht nur wie eine Filmkulisse aus, sondern ist es tatsächlich schon mehrmals gewesen. Seine Anfänge datieren vom 13. Jahrhundert. Im Laufe seiner wechselvollen Geschichte hatte es unter anderem Gefängnis für englische Spione zu sein.

Der französische Symbolist Saint-Pol-Roux konnte zwar der Großstadt Paris in dieses bretonische Herrenhaus entfliehen, nicht aber seinem Schicksal. Als im Juni 1940 ein betrunkener deutscher Soldat seine Tochter zu vergewaltigen versuchte, eilte ihr der greise Dichter zu Hilfe. Dabei stürzte er so unglücklich die Treppe hinunter, dass er wenig später seinen Verletzungen erlag. Kurz vor Kriegsende wurde auch sein Haus durch englische Bomben zerstört.

Um den Mont Tombe zum Mont Saint-Michel zu machen, hatte der Erzengel ziemlich viel Arbeit. Zunächst erschien er, im Jahre 708, Bischof Aubert von Avranches dreimal im Traum, ehe dieser endlich begriff, was er wollte. Nämlich eine Kirche.

Als man die Gräben für das Fundament des Gotteshauses ausheben wollte, stieß man auf zwei riesige Felsen, möglicherweise Dolmen, die sich nicht von der Stelle bewegen ließen. Doch Michael sagte auch in diesem Falle per Traum, wie es weitergehen sollte. Auf seinen Rat hin orderte der Bischof einen Mann namens Bain samt dessen zwölf Söhnen, denen es tatsächlich gelang, das Hindernis aus dem Weg zu räumen.

Zu guter Letzt griff der Erzengel nochmals ein und zeichnete die Umrisse der künftigen Kirche mit Tau vor.

Relikte einer vergangenen Zeit

Schiffsfriedhof in Camaret.
„Zu gewissen Nächten fahren die Ertrunkenen auf ihren alten Booten. Bisweilen kreuzen sie das Kielwasser der Lebenden. Manchmal gehen sie sogar an Land, um an die Orte ihres irdischen Daseins zurückzukehren. Dann kann es geschehen, dass man am Strand auf ihre Boote stößt. Wenn man jedoch ein solches betritt, steigt ein weißes Segel am Mast empor und das Boot samt menschlicher Fracht verschwinden auf Nimmerwiedersehen."

Pierre-Jakez Hélias

Das Geheimnis von Ys

Die Legenden über die versunkene Stadt Ys erinnern sehr an die Vineta-Sage. Der Grund für den Untergang ist hier wie dort der gleiche. Darüber hinaus weiß man bis heute nicht, ob es Vineta und Ys wirklich gab oder ob sie nur in der Fantasie existierten. Obwohl die Wissenschaft nachgewiesen hat, dass der Spiegel des Meeres in historischer Zeit erheblich gestiegen ist und dadurch auch Land überflutet wurde, ist es bis heute nicht gelungen, die Überreste einer versunkenen Siedlung zu orten.

Die Suche nach Ys konzentriert sich schon seit längerem auf die Bucht von Douarnenez, an der sich die erste Hauptstadt der Cornouaille befunden haben soll. Die bisherigen Misserfolge halten weder Hobby-Forscher noch Esoterik-Anhänger davon ab, weiterzumachen. Stirbt doch die Hoffnung bekanntlich zuletzt.

Zurück zur Sage. Die weiß zu berichten, dass Ys an Reichtum alles bislang Dagewesene übertroffen hat. So waren die Pferdeställe mit Marmor ausgelegt und das Korn wurde mit silbernen Scheffeln gemessen. Doch die Bewohner wurden allmählich übermütig und verloren alle Maßstäbe. Ys entwickelte sich zu einem zweiten Sodom und Gomorrha.

Am schlimmsten von allen trieb es Dahut, die Tochter König Gradlons. Sie war der Zauberkunst mächtig und gebot nicht nur über die Zwerge, sondern auch über die Meeresdrachen. Letztere wurden, im Hafen, wie Haustiere gehalten. Man bediente sich ihrer, um Luxuswaren aus

Rechts:
Eine Hommage an die Zauberwelt von Ys? In über 25jähriger Arbeit meißelte Abbé Fouré den Klippen bei Rothéneuf (Côte d'Emeraude) einen fantastischen Bilderreigen ein.

Ganz rechts:
Auf den Schiffsfriedhöfen geht nicht immer alles mit rechten Dingen zu. So soll das Heulen, das man hier mitunter hört, von den Kindern von Ys stammen.

aller Herren Länder herbeizuschaffen. Auch erwiesen sie sich bei Angriffen auf feindliche Schiffe als nützlich.

Dahut hatte also allerhand für das Gemeinwohl von Ys getan. Doch nun sorgte sie auch für dessen Untergang und lieferte ihrem Liebhaber den Schlüssel für die Tore der eisernen Deiche aus. Was sie nicht wissen konnte: Unter der Maske des Galans versteckte sich niemand anders als der Teufel selbst.

Von St. Corentin gewarnt, gelang es König Gradlon gerade noch, den Fluten zu entkommen. Als er am Palast seiner Tochter vorbeikam, schwang sich diese hinter ihm in den Sattel. Dadurch kam das Pferd nicht mehr so schnell vorwärts und das Wasser reichte ihnen schon bis zu den Knien. Im Gegensatz zum König behielt der Heilige jedoch die Nerven. „Schüttelt die Sünde ab, die Ihr hinter Euch tragt, und mit Gottes Hilfe werdet Ihr gerettet werden“, lautete sein Rat. Wer Dahut schließlich vom Pferd stieß, der König selbst oder der fromme Mann, wurde nie ganz geklärt. Allerdings sollte man die Sache auch nicht überbewerten. Ging es doch darum, das Böse zu vernichten.

Gradlon, der angeblich von den Zuständen in seiner Stadt Ys nichts mitbekommen hatte und sogar als Heiliger verehrt wird, unternahm danach einen Neuanfang. Er baute Quimper zu seiner Residenz aus und machte St. Corentin zum Bischof. Nach diesem wurde auch die Kathedrale benannt, auf deren Portal, hoch zu Ross, der König thront.

Über der versunkenen Stadt aber soll die Geistlichkeit noch bis zur Französischen Revolution die Messe gelesen haben.

Ganz links:
Ys ist mehr als nur der Name einer sagenhaften Stadt. Es steht auch für den Sieg des Christentums über die heidnische Religion.

Links:
An solchen hölzernen Pfeilern sollen jene abgerichteten Meeresdrachen angekettet gewesen sein, die seit dem Untergang der Stadt nicht mehr gesehen wurden.

LISA

Geboren bin ich inmitten des Meeres,
drei Meilen vom Ufer…
Geboren bin ich inmitten des Meeres,
im Lande, das Armot heißt,
Mein Vater war, wie seine Ahnen
Seemann.
Er lebte ohne Namen, ohne Ruhm
wer auch sollte arme Leute rühmen?
Jeden Tag, jede Nacht
schleppte Vater Netze übers Meer.

Jean-Pierre Calloc'h

Schiffe und Boote, so die Bretonen, sind wie Menschen. Sie leben. Sie haben ein Herz und eine Seele. Und mit der Zeit werden sie alt und sterben.

Pardon:
„In der Bretagne stirbt man nicht, hier schwimmt man hinaus aufs offene Meer, geht nur auf Reisen."

Oder:
„Davongehen heißt hier nur ein bisschen sterben, noch mehr aber leben."

Schließlich:
„Der Tod ist das langwährende Abenteuer des Seemanns, der nicht mehr wiederkehrt, auf den man dennoch ständig wartet."
SAINT-POL-ROUX

GV 514 810
GV.407 093

CAMARET

Argoat – Land der Wälder

Argoat – Land der Wälder

Die Kelten teilten das Land in eine Küsten- und Binnenregion: Armor und Argoat. In der Tat zeigt die Bretagne schon wenige Kilometer landeinwärts ein ganz anderes Gesicht als am Meer. Mit Städten und Dörfern voller Charme und Charakter. Und den berühmten umfriedeten Kirchhöfen. Schöpfer dieser rund 500 Jahre alten steinernen Kreuzberge waren größtenteils anonyme Künstler. Auf dem größten und schönsten geben 171 (!) steinerne Akteure eine – durch die mittelalterlichen Mysterienspiele angeregte – beeindruckende Vorstellung zum Thema Glaube. Doch die genialen Bildhauer wären keine Bretonen gewesen, hätten sie der offiziellen Lesart der biblischen Geschichte nicht noch ihre eigene hinzugefügt. Unter der Vielzahl der enclos paroissiaux die wichtigsten auswählen zu wollen, ist schwierig. Bei dem einen sind es eine schöne Triumphpforte oder ein reich dekoriertes Beinhaus, beim anderen die Kirche selbst. Während der älteste unter den großen Calvaires (1450) in Tronoën steht, finden sich jene mit dem wohl interessantesten Motiv in Guimiliau und Plougastel-Daoulas, wo das halbnackte Luder Katel Gollet von schrecklich schön anzuschauenden Teufeln in den weitgeöffneten Rachen der Hölle bugsiert wird.

Auch hier also eine enge Verknüpfung von konkreter Geografie mit fantastischen Legenden. Diese andere Welt zerfließt zwar letztlich wieder „in Luft gegen den Wald hin, so dass man nicht wüsste, wohin“ (Geoffrey of Monmouth „Leben des Merlin“), doch es bleibt von ihr ein tiefer Abdruck in unserer Seele.

Seite 72/73: *Die von König Judicael im 7. Jahrhundert gegründete Abtei gab dem großen umliegenden Waldgebiet den Namen: Forêt de Paimpont. Besagter Monarch hatte übrigens einen außergewöhnlichen Werdegang. Nachdem er den bretonischen Thron verlassen und Mönch geworden war, musste er in der Stunde der Gefahr noch einmal König spielen und sein Reich gegen die Franken verteidigen – um danach endgültig in sein Kloster zurückzukehren.*

„‚Erhebt euch schnell, ihr ersehnten Stürme, reißt René empor in die Räume eines anderen Lebens!‘ So sprach ich und brach auf mit großen Schritten, erregt mein Antlitz; der Wind strich durch mein Haar, ich fühlte weder Regen noch Kälte, begeistert, gemartert und wie besessen vom Dämon meines Herzens.“
François-René de Chateaubriand

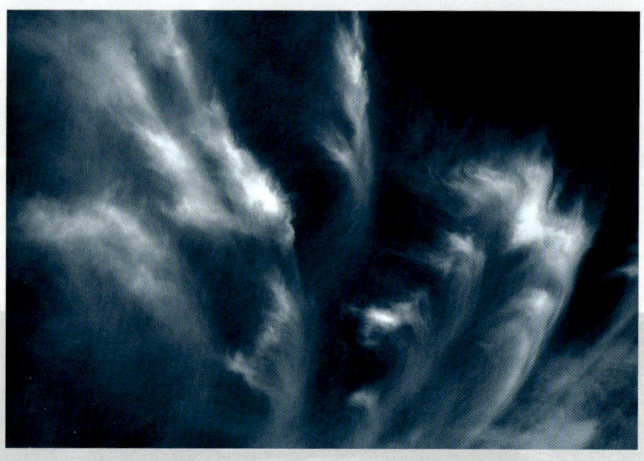

Superbauten aus der Steinzeit

Etwa 5000 Menhire (bretonisch: Lange Steine) und 1000 Dolmen (Steinerne Tische) umfasst jenes geheimnisvolle bretonische Erbe aus der Steinzeit, mit dem wir bis heute nicht allzu viel anzufangen wissen. Zwar gibt es inzwischen nicht nur Theorien, sondern auch etliche Experimente, die den Abbau, den Transport und die Aufrichtung der tonnenschweren Steine mit den dazumal zur Verfügung stehenden Mitteln erklären könnten.

Doch dann bleibt immer noch die Frage, weshalb sich unsere Vorfahren der Plackerei überhaupt unterzogen haben.

Die weltweit größte Baustelle der Steinzeit liegt heute an der Peripherie von Carnac. Dort stehen die Menhire nicht nur einzeln oder in kleinen Gruppen, sondern in bis zu elf parallel verlaufenden Reihen – sogenannten Alignements – die über zwei Kilometer lang sind.

Im Gegensatz zu den Menhiren glaubt man sich betreffs der Dolmen etwas klüger: Man hält sie für Grabmäler. Obwohl die Frage nach dem schönsten auch in diesem Falle nicht leicht ist, gehört – Größe, Lage und Zustand zusammengenommen – dem La Roche-aux-Fées geheißenen ein Spitzenplatz. Noch beeindruckender freilich ist jene unter einem Erdhügel (Tumulus) verborgene Anlage auf der winzigen Insel Gavrinis, deren Steinplatten mit rätselhaften Gravuren übersät sind. Schlangenlinien vor allem und Spiralen. Folgt man mit dem Auge deren Lauf, kommt man immer weiter nach innen. Und manchmal zu sich selbst.

Auf alle Fälle räumt Gavrinis mit dem Vorurteil auf, dass die Menschen der Steinzeit vielleicht mehr Muskeln, dafür aber weniger Grips, geschweige Kultur gehabt haben als wir.

Um die Kraft des heidnischen Zaubers zu brechen, wurden dem Menhir von St. Uzec (Côtes d'Armor), einem der bekanntesten der Bretagne, die Passionswerkzeuge eingemeißelt und ein Kreuz aufgesetzt.

Höllisch kalt

Le Yeun Elez, der Eingang zum bretonischen Fegefeuer, liegt in einem Torfmoor in den Monts d'Arrée. Es ist ratsam, ihm nicht allzu nahe zu kommen. Auch wenn die Berichte über die Gespenster und Dämonen, die dort ihr Unwesen treiben, schon etwas zurückliegen, ist die Gefahr sicher nicht geringer geworden. Dass die Anlage nach wie vor in Betrieb ist, beweist das schreckliche Heulen, das besonders in Sturmnächten zu hören ist. Apropos Sturm: Der kommt nicht ohne Vorwarnung über das Land, sondern wird von einem Schwarzen Reiter angekündigt. Die Weißen Männer hingegen haben ganz andere Aufgaben. Sie sind für die Entsorgung der unreinen Seelen verantwortlich, die sie von überall einsammeln und ins Moor bringen. Während sie den Lebenden in der Regel aus dem Weg gehen, suchen die „Wäscherinnen der Nacht" geradezu deren Kon-

Die Geschichte von Schloss Josselin ist eng mit den Rohans, einer der berühmtesten Dynastien der Bretagne, verbunden. 1629, während der Religionskriege, ließ Kardinal Richelieu den Bergfried und fünf andere Türme schleifen. Den noch ahnungslosen Besitzer informierte er mit folgenden berühmten Worten: „Herr Herzog, ich habe soeben einen Volltreffer in Ihrem Kegelspiel gelandet."

takt. Hoffen sie doch, durch sie von dem auf ihnen lastenden Fluch erlöst zu werden. Immer nur Grabtücher waschen zu müssen, kann nämlich auf Dauer ganz schön langweilig werden.

Es deutet manches darauf hin, dass sich die bretonische Vorhölle grundlegend von der christlichen unterscheidet. Scheinen doch dort nicht Feuer und Hitze das Problem zu sein, sondern die Kälte. Für diese These spricht unter anderem jenes Spruchband am Beinhaus von La Martyre, wo vom Tod, dem Jüngsten Gericht und der „kalten Hölle" die Rede geht.

Die "Schläfer" aus dem Zauberwald

Brocéliande, den Zauberwald der keltischen Sage, gibt es nicht mehr. Jedenfalls nicht so wie damals. Die Menschen waren es, die ihn zurückgedrängt, gelichtet, krank gemacht haben. Er wurde zum Spielball der Stürme. Und des Feuers. Der Waldbrand, dem vor nicht allzu langer Zeit die Bäume des „Tals ohne Wiederkehr" zum Opfer fielen, ging auf das Konto leichtfertiger Camper.

Im Gegensatz zum Wald selbst ist zumindest die Erinnerung an dessen vormalige Bewohner lebendig. Vor allem König Artus und sein Freund, der Zauberer Merlin, bewegen nach wie vor die Gemüter. Sind sie doch sowohl im spirituellen wie auch im konspirativen Sinne nicht wirklich tot, sondern nur „Schläfer". Zu ihrem Wiedererscheinen braucht es also nur der Initialisierung. Der erste, der der Prophetie zufolge wieder in unsere Welt zurückkehren wird, ist Merlin. Und zwar als Harfner. Sein Spiel kündigt den Auftritt seines alten Kumpels Artus an, der aus den Fehlern seiner vormaligen Existenz gelernt hat und nun alles besser machen – sprich: den Bretonen das Paradies öffnen will. Natürlich weiß keiner, wann genau das geschieht. Doch man kann auch schon vorher von der Energie und Inspiration profitieren, die von den beiden und ihrer Clique ausgehen. Dazu braucht es nur eines Ausflugs in die Forste um Huelgoat und Paimpont, die als Reste des Zauberwaldes auf uns gekommen sind.

Von Feen gefangen

Einer der geheimnisvollsten Orte ist Merlins Grab, das freilich nur Unwissenden als solches erscheint, während diejenigen, die den wahren Sachverhalt kennen, tiefer blicken. Die wahren

Hintergründe kennt nur jene kleine Fee Viviane, die Merlin – der ihr verfallen war – zur großen Zauberin aufgebaut hat. Die Geschichte der beiden begann an der Quelle von Barenton, dem „Ort der Freuden". Deren Wasser drang damals nicht nur kräftig, sondern auch heiß aus dem Boden. Schon ein Tropfen davon, auf einen ganz bestimmten Stein in der Umgebung gegossen, genügte, um einen Sturm oder zumindest Regen herbeizuzaubern.

Es dauerte nicht lange, bis Merlin der Schönen aus der Hand fraß. Und sich mehr und mehr aufgab. Die entscheidende Frage ist, wie weit. Und ob er wirklich Vivianes Wunsch – „Lehre mich, wie ich einen Mann fessele, ohne Turm und ohne Mauer, bloß durch die Kraft des Zaubers, so dass er niemals entweichen kann, wenn nicht ich ihn entlasse" – nachgekommen ist, ohne sich ein Hintertürchen offenzulassen – seine Rückkehr also nicht allein von ihrem Wohlwollen abhängig gemacht hat.

Viviane war übrigens nicht die einzige, die einen Mann gefangenhielt. Morgane, eine andere Fee und vermutlich die Halbschwester Artus', betrieb ein regelrechtes Internierungslager für untreue Ritter. Insgesamt 40 an der Zahl hielt sie im „Tal ohne Wiederkehr" gefangen, bis sie der ehrenwerte Lancelot, der nur mit der Frau seines Königs fremdging, befreite.

Damit schließt sich der Kreis. Denn es war Viviane, der Lancelot seine Ausbildung verdankte. Die Unterweisung erstreckte sich über einen Zeitraum von acht Jahren und erfolgte in einem auf dem Grund des Sees von Schloss Comper gelegenen Palast. Wer für die Besichtigung der Anlage, die – gewiss nicht zufällig – im 15. Jahrhundert von einem als Zauberer geltenden Rittersmann namens Guy XIV. de Laval bewohnt wurde, nicht unbedingt löhnen will, findet im „Tal ohne Wiederkehr" noch ein anderes – „Spiegel der Feen" geheißenes – Gewässer, wo der Eintritt in die andere Welt frei ist.

Das Gespenst mit dem Holzbein

François René Vicomte de Chateaubriand wurde 1768 in Saint-Malo geboren. Elf Jahre später siedelte die Familie in das Schloss von Combourg

Ohne den heiligen Ronan gäbe es nicht das mittelalterliche Bilderbuchstädtchen Locronan. Entstand es doch an jener Stelle, an der die Ochsen mit seinem Leichnam partout nicht mehr weiterwollten und man ihn zur letzten Ruhe bettete. Interessanterweise ist mit der bizarren Vita dieses Mannes auch eine der frühesten Werwolfgeschichten verbunden. Er wurde nämlich selber von einer Frau als solcher denunziert, was ihm viel Ärger brachte. Schließlich gelang es ihm aber doch, seine Unschuld zu beweisen. Dabei stellte sich heraus, dass besagte Frau eine Hexe war.

In der Altstadt von Dinan. Eine Legende will wissen, dass hier einst ein Krieg zwischen bösen Riesen und liebenswerten Zwergen (Korrigans) stattgefunden hat – den Letztere für sich entscheiden konnten. Inzwischen sind jedoch auch sie vertrieben worden ...

um. Doch es waren nicht nur die düsteren Gemäuer, die den jungen René bedrückten, sondern auch die Arroganz, Gefühlskälte und Schwermut des Vaters. „Später am Abend hörte man nichts mehr als das regelmäßige Geräusch, das seine Schritte machten, die Seufzer meiner Mutter und den um das Haus streichenden Wind."

Der sensible René litt schwer unter diesen Verhältnissen. Vom Vater, der sich einen starken Sohn wünschte, in „erzieherischer" Absicht in ein abgelegenes Turmzimmer ausquartiert, lag er die Nächte über wach. Jeder Laut, jeder Schatten, die aus den „geheimen Gängen und Treppen, Verliesen und Wehrtürmen" drangen, mehrten seine Ängste, steigerten das Grauen. „Überall Schweigen, Dunkelheit ..." Und die Gewissheit, dass er das Schloss mit einem Gespenst zu teilen hatte – einem Grafen, der eigentlich seit dreihundert Jahren tot war, aber, weil er von seinem Besitz nicht lassen konnte, noch immer zu gewissen Zeiten durch die Räume wandelte. Sehen ließ er sich nur selten. Dafür war er nicht zu überhören. Und zwar am lauten Tritt seiner hölzernen Prothese. Am allerschlimmsten jedoch war: „Sein Holzbein spaziert(e) auch gelegentlich allein mit einer schwarzen Katze herum."

Das Gerippe dieses Tieres wird noch heute auf Schloss Combourg gezeigt. Im Eintrittspreis für die Besichtigung und Führung ist also auch eine Gänsehaut eingeschlossen. Die vielen Besucher kommen freilich nicht nur deswegen, sondern weil aus dem kleinen René ein großer Schriftsteller wurde, dessen Leben nicht weniger abenteuerlich-romantisch verlief, als es der Stoff seiner Bücher ist. Apropos Bücher: Die Gruselgeschichte mit dem alleinstehenden Holzbein nebst schwarzer Katze findet sich in Chateaubriands Memoiren, die – unter dem Titel „Denkwürdigkeiten von jenseits des Grabes" – auch in einer deutschen Ausgabe vorliegen.

Die Frauenmörder und der Heilige

Rund dreihundert Jahre vorher hatte Jean de Laval, Besitzer des Schlosses von Chateaubriant, dadurch auf sich aufmerksam gemacht, dass er seiner Frau und deren Tochter reichlich zehn Jahre absolute Dunkelhaft – das Zimmer besaß nicht nur zugemauerte Fenster, sondern war auch noch mit einer schwarzen Tapete ausgeschlagen – verordnete und seiner Frau anschließend mit dem Schwert die Adern öffnete. So geschehen am 16. Oktober 1537. Die grausame Abstrafung hätte jedoch – wenn überhaupt – nicht besagte Dame, sondern der damalige französische König Franz I. verdient gehabt, der sie – von ihrer außergewöhnlichen Schönheit besessen – durch eine Intrige an sich gebunden und, nachdem er ihrer überflüssig geworden war, wieder ihrem Gatten zurückgeschickt hatte.

Im Gegensatz zu Combourg und Châteaubriant, den Schauplätzen dieser beiden Geschichten, ist vom Schloss des Grafen Comorre in oder um Carhaix nichts mehr zu sehen. Dazu muss freilich gesagt werden, dass die bretonische Ausgabe des Ritters Blaubart schon vor sehr langer Zeit ihr Unwesen getrieben hat. Jedenfalls soll der Graf seine schwangeren Frauen allesamt um die Ecke gebracht haben. Und zwar auf Grund einer Prophezeiung, wonach ihn einmal sein eigener Sohn meucheln würde. Der Mann war also kein gewöhnlicher Mörder, sondern gehörte zu jenen Präventivtätern, die sich damit rechtfertigen, dass der Zweck die Mittel heilige. Richtig spannend wurde die Geschichte, als seine fünfte Gemahlin, ohne sein Wissen, einem Sohn das Leben schenkte, der auf den Namen Trémeur getauft wurde. Als ihm dieser später zufällig über den Weg lief, war die offenbare Ähnlichkeit mit der Mutter nicht zu übersehen. Der Graf, der sich die Sache zusammenreimen konnte, zögerte denn auch nicht, seinen Sohn auf der Stelle zu enthaupten. Doch das nützte ihm gar nichts. Denn Trémeur setzte schnurstracks seinen Kopf wieder dorthin, wo er hingehörte. Und bewarf anschließend das Schloss seines Erzeugers mit einer Handvoll Erde, wodurch dieses zum Einsturz und der Unhold zu Tode kamen.

Trémeurs weiterer Lebensweg war dadurch erst recht vorgezeichnet. Ob er nun wollte oder nicht – es blieb ihm praktisch gar nichts anderes übrig, als ein Heiliger zu werden.

Hinter Türen und Fenstern – hier in Pleyben – lauern immer Geheimnisse. Doch wenn du sie öffnest, ist es mit ihnen vorbei. Es sei denn, sie wollen entdeckt werden.

Vom Zauber der Natur

Die Verehrung der Bäume durch die Kelten war den Christen ein Gräuel. So wetterte der Apostel Paulus, dass man den „bösen Zauber, die törichte Magie um die heiligen Bäume“ nicht verharmlosen dürfe. Denn: „In alldem treibt der Teufel sein Spiel. Er, der schon im Paradies am grünen Baum gesiegt hat, wird unter den Bäumen viele Menschenherzen betört haben …“.

Neben seiner bretonischen Zentrale auf dem Mont Saint-Michel hat der Erzengel noch eine Nebenwohnung in den Monts d'Arrée. Reine Erholung erwartet ihn hier, auf dem 380 Meter hohen Michelsberg, allerdings auch nicht. Befindet sich doch in unmittelbarer Nähe der Eingang zur Hölle (Le Yeun Elez).

Wer ihr Plätschern zu deuten weiß, der erfährt von den Wellen vielleicht die Geschichte der nahen Ruine von Tonquédec und die Schicksale ihrer Bewohner.

Der Mond spielte im Leben der Kelten eine große Rolle. So sollen die Druiden am sechsten Tag des zunehmenden Mondes mit einer goldenen Sichel die heilige Mistelpflanze von den Eichen geschlagen haben.

Im Schlosspark von Combourg. Im Winter haben es die Baum- und Waldgeister besonders schwer, denn sie können sich nicht mehr so gut verstecken.

Die Korrigans (Zwerge) „tragen kleine Hörner – nicht immer auf dem Kopf, sondern am Gürtel hängend –, auf denen sie blasen; sie tanzen im Mondlicht, wohnen meist im Wald oder in der Nähe von Bäumen, und man sagt, sie könnten trotz ihrer Kleinheit mühelos die riesigen Felsen der Dolmen und Menhire versetzen."
JAQUES BROSSE

1880 schrieb Le Men in der „Revue celtique": „Ich bin sehr oft alten Menschen begegnet, die nicht nur angaben, die Korrigans gesehen zu haben, sondern auch behaupteten, sie seien von ihnen entführt worden, und nur das rasche Eingreifen der Eltern habe sie gerettet."

Das Geheimnis der Steine

La Roche-aux-Fées. In der Bretagne zeigten sich die Feen vor allem in der Nähe von Dolmen. Sie hielten im allgemeinen gute Nachbarschaft mit den Menschen. So halfen sie ihnen auf der Suche nach verlorenen Gegenständen oder unterwiesen sie im Gebrauch der Heilkräuter.

Auf über 30 Tragsteinen ruht die mächtige Last der acht Deckplatten dieses Feendomizils, das in ein Tor, einen Eingangsraum, ein Mittelteil und eine große Hauptkammer untergliedert ist.

Die Allée couverte von Pors-Poulhan in der Bucht von Audierne gilt als eines der imposantesten Langgräber der Bretagne. Die Archäologen verweisen auf bestimmte Übereinstimmungen mit vergleichbaren Anlagen der Jungsteinzeit auf der Iberischen Halbinsel.

Das mächtige Hügelgrab von Barnenez (Bucht von Morlaix) ist 70 Meter lang und 25 Meter breit. Es besteht aus elf nebeneinander liegenden Dolmen. Sein Alter wird auf rund 7000 Jahre geschätzt.

Das Table des Marchands geheißene Langgrab in Locmariaquer datiert aus der Zeit um 3500 vor Christus. 1984 fanden die Archäologen heraus, dass die Deckplatten dieser sowie die zwei weiterer Grabanlagen (Er Vinglé und Gavrinis) haargenau zusammenpassen und zu einem ehemals 14 Meter hohen, verzierten Menhir gehört haben.

Die nahe Carnac gelegene Ortschaft Erdeven wurde durch die Alignements von Kerzerho bekannt – insgesamt 1129 bis zu fünf Meter hohe – Menhire, die in zehn Reihen verlaufen.

Ganz links:
Der Menhir von Champ Dolent nahe Dol ist einer der schönsten der Bretagne. Die Legende berichtet von zwei Brüdern, die sich hier wegen des Erbes ihres Vaters totgeschlagen hätten, wenn nicht gerade noch rechtzeitig besagter Stein vom Himmel gefallen und sie getrennt hätte. Jedenfalls muss derjenige, der ihn heruntergeworfen hat, viel Zielwasser getrunken haben.

Links:
Der Menhir Men Marz bei Brignogan ist mehr als acht Meter hoch. Die Sockelbreite beträgt dreieinhalb Meter. Auch er wurde christianisiert und trägt – statt der ursprünglichen Spitze – ein Kreuz.

Ganz links:
Vor rund 200 Jahren zählte das Megalithfeld oberhalb des Hafens von Camaret (Alignements de Lagatjar) noch über 800 Steine. Doch von denen sind nur 143 übriggeblieben.

Links:
Im Jahre 1676 erfolgte die Übernahme des Menhirs von St. Uzec durch das Christentum. Die eingemeißelten Bilder zeigen die Muttergottes mit Sonne und Mond, die Marterwerkzeuge der Passion sowie Christi Kleidung, einen Hahn (Symbol für die Verleugnung Petri) sowie eine Hand.

Hüter der Weisheit – die Druiden

Ihr Ruf könnte besser nicht sein. Es scheint, als wäre „unmöglich" ein Fremdwort für sie gewesen. Und sie müssen für Dinge herhalten, mit denen sie nicht das Geringste zu tun haben. Doch die echten sind schon lange tot, können sich also nicht mehr wehren. Ihren selbsternannten Nachfolgern indes, die auf der Welle des New Age schwimmen, kommt es sehr gelegen, dass man ihnen Kräfte zuschreibt, von denen sie nur träumen können.

Über die spirituellen Führer der Kelten ist relativ wenig überliefert. Allenfalls nur ein Bruchteil dessen, was ihnen gemeinhin zugeschrieben wird. Da sie größten Wert auf Geheimhaltung legten und ihre Kenntnisse nur mündlich weitergaben – die Unterweisung konnte bis zu 20 Jahre dauern – stammt das, was wir über sie wissen, aus griechischen und römischen Quellen. So wies Tacitus darauf hin, dass es unter den Druiden auch Frauen gab. Und Julius Cäsar bestätigte, dass die Ursprünge ihrer Lehre in Britannien lagen.

Aus heutiger Sicht waren die Druiden Mitglieder eines religiösen Ordens, dem es darum ging, möglichst viel Wissen und Können zu erwerben, um es dann zum Wohle der Gemeinschaft einzusetzen. Ihr Interesse galt aber nicht nur den Göttern, sondern ebenso der Astronomie, der Geografie, der Naturkunde und der Medizin. Auch waren sie Herren über die Zeit. Ihr – am Mond orientierter Kalender – zählte 364 Tage, um deren gute oder schlechte Bedeutung sie wussten oder anhand bestimmter Vorzeichen

__Rechts:__ Bei Carnac. Die vielen seltsamen Thesen, die über diese Steinsetzungen kursieren, können höchstwahrscheinlich nie auf ihre Richtigkeit hin überprüft werden. Diejenigen, die sie in die Welt gesetzt haben, brauchen also keine Angst zu haben, sich zu blamieren.

__Ganz rechts:__ Das feuchte Klima der Bretagne tut den Farnen gut. So herrscht an dieser alten Zauberpflanze kein Mangel. Hingegen ist die Zahl derer, die über sie zu gebieten vermögen, gering.

deuten konnten. Doch sie beschränkten sich nicht nur auf die bloße Messung, sondern gelangten – auf der Suche nach dem Anfang und Ende der Zeit – zu der ungeheueren Erkenntnis von der Unendlichkeit der Welt(en).

Dies wird auch von dem römischen Dichter Lukan bestätigt: „Ihr Druiden ... die ihr in den abgeschiedenen Hainen dichter Wälder lebt, lehrt, dass die Schatten der Toten nicht an den stillen Wohnort des Erebus oder in das lichtlose unterirdische Reich des Dis eingehen, sondern dass dieselbe Seele einen anderen Körper in einer anderen Sphäre neu belebt. Dann aber wäre der Tod das Zentrum immerwährenden Lebens."

Während wir die Einheit von Denken und Fühlen längst aufgegeben haben oder uns nur noch voller Scham oder Skrupel ihrer erinnern, war sie für die Kelten Grundlage der Existenz. Dadurch kamen sie auch jenen Dingen nahe, die sich nicht allein durch den Verstand erklären lassen. Die Druiden fühlten den Herzschlag der Erde und den Atem der Luft. Ihre besondere Verehrung und Fürsorge galt den Quellen und dem Wasser als Garant allen Lebens.

Nachdem auf der Suche nach keltischen Kultstätten irrtümlicherweise die Hinterlassenschaft der Megalithiker ins Spiel gebracht wurde, ist man inzwischen vorsichtiger geworden. Doch am Mont Dol und am Ménez-Hom führt trotzdem kein Weg vorbei.

Ganz links:
Eines Tages gefiel sich die graue Mauer nicht mehr. So lud sie ein Blümlein ein, mit ihr zusammenzuleben. Wie man sieht, steht dies beiden gut zu Gesicht.

Links:
Wälder und Gewässer gelten als Lieblingsorte der Elfen und Zwerge, die sich früher offenbar viel öfter gezeigt haben als das heute der Fall ist. Fragt sich nur, woran das wohl liegen mag ...

Legenden aus dem Zauberwald

Le Miroir aux Fées (Spiegel der Feen) im „Tal ohne Wiederkehr“ (Wald von Paimpont). Sieben Feen, Schwestern, sollen es sein, die sich – der Welt und der Männer überdrüssig – hierher zurückgezogen haben.

„Der riesige Wald im Herzen der Bretagne umfasste einst das gesamte Gebiet zwischen Fougères und Quintin im Norden, Corlay und Camors im Westen und Le Faouët und Redon im Süden. Er maß etwa dreißig Meilen in der Länge und mehr als zwanzig in der Breite … Wer auch immer sich in die geheimnisvolle Unendlichkeit dieses Waldreiches hineinwagte, sah auf einmal, dass sich die Bäume hinter ihm plötzlich aufeinander zubewegten, um ihm den Rückweg zu versperren und ihn auf ewig im ‚Val sans retour', dem ‚Tal ohne Wiederkehr', gefangen zu halten."

O.-L. Aubert

Abbaye de Paimpont. Das alte Kloster wurde während der französischen Revolution aufgelöst. Das Abtsgebäude beherbergt heute das Pfarrhaus und das Bürgermeisteramt. Ob und inwieweit die geistliche und weltliche Obrigkeit die Hilfe der Brunnenfee in Anspruch nehmen, ist nicht bekannt.

Rechte Seite:
Um Trécesson, das schönste Schloss von Brocéliande, rankt sich die Legende von der Weißen Dame. Im 18. Jahrhundert beobachtete ein Wilddieb, wie einige vornehme Herren eine junge Frau im Brautgewand lebendig begruben. Der Mann informierte sofort den Schlossherrn, doch die Frau war bereits tot. Brautschleier und -kranz wurden bis zur Revolution in der Schlosskapelle gezeigt.

Rechts und ganz rechts:
Das Château de Comper wurde in weit zurückliegender Zeit von einem Ritter namens Dymas erbaut. Hier kam auch dessen Tochter Viviane zur Welt, die sicherlich auch aus diesen Fenstern geschaut hat. Jedenfalls war sie mit übernatürlichen Kräften begabt und machte später als Fee Karriere. Heutzutage wohnt die „Dame vom See" nicht im Schloss, sondern, in einem durch neun magische Kreise geschützten Kristallpalast, im danebenliegenden Teich.

Ob der legendäre König ein historisches Vorbild gehabt hat, ist nach wie vor ungewiss. Allerdings deutet einiges auf den Keltenführer Riothamus, der um 500 gelebt und gleich mehrmals die Sachsen besiegt hatte, ehe er dann selbst von den Goten in die Schranken verwiesen wurde.

Wer immer es auch gewesen sein mag – seine Bedeutung entsprach nicht im geringsten jenem Bild, das später von ihm entworfen wurde. Wenn es Artus überhaupt gegeben hat, war er ein Nichts im Vergleich zu dem, den wir aus den Dichtungen Chrétiens de Troyes oder Wolframs von Eschenbach kennen. Ging es doch den beiden vor allem darum, das Rittertum zu idealisieren. Die bereits in merowingischer Zeit aus-

Jahre, um sich unentbehrlich zu machen. Der auf dem Schlachtfeld gewonnenen Anerkennung entsprach nunmehr auch die gesellschaftliche Rolle. Man wurde zum Rückgrat der feudalen Ordnung. Dies muss man wissen, um den Sagenkreis von König Artus, der durch den keltischen Hintergrund noch an Faszination hinzugewann, richtig einzuordnen.

Artus war ein toller Typ gewiss, aber ohne Merlin, der alle Fäden zog, nur die Hälfte wert. Der Zauberer griff immer dann ein, wenn Not am Mann war, und das geschah ziemlich oft. Seine übernatürlichen Fähigkeiten hatte er von seinem Vater, dem Teufel. Gott sei Dank war die Mutter, abgesehen von dem einen Ausrutscher, umso frommer. Merlin umgab zwar ein großes

Rechts:
Im und um das Schloss Comper ist es nicht geheuer. So tut man gut daran, das, was man hört, riecht und sieht, sorgfältig zu prüfen. Inwieweit das Einsicht und Erkenntnis bringt, liegt allerdings nicht in unserer Hand.

Ganz rechts:
Auch wenn der Wald von Paimpont inzwischen viel kleiner und lichter ist als zu Artus' und Merlins Zeiten, beeindruckt er jene, die mit dem Wissen um diese alten Legenden hierher kommen, noch immer.

Geheimnis, aber sein Charakter war über jeden Zweifel erhaben. So half er Artus nicht nur auf den Thron, sondern sicherte auch dessen Herrschaft ab, die für das Land Aufschwung und Wohlstand brachte. Die legendäre Tafelrunde auf der Burg Camelot vereinte die besten Männer ihrer Zeit – darunter Iwein, Gawein, Parzival und Lancelot. Ungeachtet ihrer vielen anderen Heldentaten war ihnen die Suche nach dem geheimnisvollen Gral am allerwichtigsten. Doch dann waren es nicht nur teuflische Intrigen, sondern auch menschliche Schwächen, die zur Katastrophe führten.

Der Hauptschauplatz dieser Geschichte, der Zauberwald Brocéliande, bedeckte einst nahezu die gesamte innere Bretagne. Davon hat sich nur der Forêt de Paimpont als relativ großes zusammenhängendes Gebiet (6300 Hektar) in unsere Zeit gerettet. Immerhin steht er unter dem Schutz von Merlin, der hier begraben liegt. Ehe man über dessen ausgesprochen mickriges Aussehen – ein paar Steine von einem gewesenen Dolmen mit einer kümmerlichen Stechpalme darüber – ins Grübeln gerät, möge man bedenken, dass dies nur ein Teil der Wirklichkeit ist und der andere sich uns verbirgt. Ist doch Merlin nicht wirklich tot, sondern nur durch neun magische Kreise von unserer Welt getrennt. Gebannt von der schönen Viviane, die ihn nur für sich selbst haben will und ihn nicht mehr loslässt.

Von Artus gebeten, ihn bei seiner Rückkehr zu unterstützen, antwortete er diesem: „Ich bin kein Zauberer mehr, sondern ein ganz gewöhnlicher Mann, der seine ganze Kunst dem Herzen seiner Geliebten anvertraut hat."

Ganz links:
Merlins Grab macht zugegebenermaßen nicht viel her. Dabei sollte man jedoch bedenken, dass dieser Mann ein Magier war und sich prächtig darauf verstand, falsche Fährten zu legen.

Links:
Die Briefe auf Merlins Grab beinhalten zumeist Hilferufe und Wünsche. Da jeden Tag neue hinzukommen, hat der alte Zauberer nicht nur viel zu lesen, sondern auch Arbeit mehr als genug.

Manifestationen des Glaubens

Während die Kirche von Loctudy, einem Fischer- und Hafenort an der Mündung des Pont-l'Abbé-Flusses (Côte de Cornouaille), noch aus romanischer Zeit stammt, ist der Engel auf dem Friedhof viel jünger.

Starb Christus in Tréguier? Er habe den Heiland zum zweiten Male ans Kreuz genagelt, lautete einer der Vorwürfe, mit denen der Klerus auf Ernest Renans berühmtes Buch „La Vie de Jésus“ (1863) reagierte. An dem großen Orientalisten und Religionsphilosophen scheiden sich bis heute die Geister.

Unten:
Der heilige Thégonnec hat allen Grund zur Zufriedenheit. Die Kirche – für die er im fünften Jahrhundert mit einem von einem Wolf gezogenen Ochsenkarren die Steine herangeschafft haben soll – sowie der dazugehörige Pfarrbezirk erfreuen sich größten touristischen Zuspruchs.

Unten rechts:
Die Bildwerke an der Kirche von Guimiliau dienten der Unterweisung im Glauben. Biblisches sollte fasslich und nachvollziehbar werden. So sieht man nicht nur die Geschehnisse, sondern spürt auch die Emotionen.

Ganz unten:
Am Calvaire von St. Thégonnec wurde elf Jahre gearbeitet. 1610 war das grandiose Werk vollendet. Dementsprechend tragen auch die Figuren – hier Jesus mit seinen Häschern – die Kleidung des 17. Jahrhunderts.

Unten:
Auf dem Calvaire von Pleyben findet man „die wohl künstlerisch wertvollste Bibelgeschichte aus Stein" (Jochen Grashäuser). 1555 begonnen, wurde sie erst rund 200 Jahre später beendet.

Ganz unten:
Der Anblick der Höllenfahrt der verruchten Katel Gollet auf dem Calvaire von Guimiliau verfehlte früher mit Sicherheit nicht seine Wirkung. Wogegen sich heutige Betrachter eines Schmunzelns nicht erwehren können.

Unten:
Dieser schreckliche geflügelte Drache an der Kirche von Guimiliau mag zwar heidnisch aussehen, steht jedoch in Diensten der Christenheit. Das heißt, das Böse bewirkt in diesem Falle Gutes.

Notre-Dame de Tronoën (Pays Bigouden). Wie verschiedene archäologische Funde aus vor- und frühgeschichtlicher Zeit beweisen, steht der älteste der großen Calvaires auf einem alten Kultplatz.

Linke Seite:
Im Vordergrund der Calvaire, im Hintergrund die Kirche von Pleyben. 1599 verschwand plötzlich deren größte, der heiligen Katharina geweihte Glocke und tauchte nie wieder auf. Das heißt, es kursiert eine Legende, wonach sie jedes Jahr an einem ganz bestimmten Tag zurückkehren und zusammen mit den anderen vier Glocken läuten würde.

Noch ahnt niemand, dass bald ein Wunder geschehen und der tote Jesus wiederauferstehen wird. Der Pfarrbezirk in der kleinen Ortschaft Sizun ist nicht nur für Kunstfreunde eine echte Augenweide.

Auch wenn man schon öfter hier gewesen ist, gibt es an und in den Kirchen von Lampaul-Guimiliau, St. Thégonnec und Locronan immer wieder Neues, Interessantes und Rätselhaftes zu entdecken.

Rechte Seite:
Die Kirche von Pleyben wurde zwischen 1564 und 1683 errichtet. Sie war zunächst der heiligen Katharina geweiht, die jedoch später vom heiligen Germain abgelöst wurde. Nach Abschluss der Restaurierungen im Jahre 1996 ist das Gotteshaus erst recht ein Blickfang.

Reconnaissance à N.D. de Lourdes 1911
Reconnaissance à N.D. de Lourdes 26 Juin 1910
MERCI à N.D. de Lourdes
Reconnaissance N.D. de Lourdes 1903

Der Kreuzgang der Kathedrale St. Tugdual in Tréguier dient seit den zwanziger Jahren des vergangenen Jahrhunderts als Lapidarium, in dem Sarkophage, Plastiken und Reliefs aus anderen, diebstahlgefährdeten Gotteshäusern der Umgebung Aufnahme gefunden haben.

Bilder ganz rechts:
Wenn die Steine der Prämonstratenserabtei Beauport (Côte du Goëllo), einst eine wichtige Zwischenstation am Pilgerweg nach Santiago de Compostela, reden könnten, hätten sie mit Sicherheit viel zu erzählen.

St. Pierre de Quimerc'h (Rade de Brest). Hell und Dunkel, Licht und Schatten treiben miteinander ihr Spiel, gebären ein Lineament, das sich fortwährend verändert.

„Es gibt sicherlich schönere Kathedralen als die von Tréguier, aber es gibt vielleicht keine elegantere und keine von solch überzeugender stilistischer Reinheit und Harmonie im Detail“ (Onfroy Kermoalquin).

Damit es den im Kreuzgang von St. Tugdual in Tréguier ruhenden steinernen Figuren nicht allzu langweilig wird, zeigen sich die spätgotischen Arkaden auch als geheimnisvolle Schattenbilder.

Mitte des 15. Jahrhunderts wurde mit der Errichtung der Kathedrale St.-Pierre-et-St.-Paul in Nantes begonnen. Geweiht hat man sie jedoch erst 1891. Im Gegensatz zu den meisten Gotteshäusern in der Bretagne diente nicht dunkler, schwermütiger Granit, sondern weißer, heiterer Kalkstein als Baumaterial.

Linke Seite:
St. Corentin in Quimper. Von den vielen Geschichten über den wundertätigen Eremiten Corentin = St. Guénolé, den Namenspatron dieses Gotteshauses, ist jene am spektakulärsten: Nachdem der Heilige seinen Hunger an einem Fisch gestillt hatte und das, was übriggeblieben war, zurück in das Meer geworfen hatte, dieser sich immer wieder auf wundersame Weise erneuerte und zum Verzehr anbot.

In Dol, der ersten und über Jahrhunderte hinweg mächtigsten bretonischen Bischofsstadt, ist mit der Kathedrale St. Samson ein mächtiges normannisch-gotisches Gotteshaus auf uns gekommen, dessen Schiff fast 100 Meter lang und 21 Meter hoch ist.

Zauber vergangener Epochen

François-René de Chateaubriand im Park von Schloss Combourg. Welch ein Glück für die Literatur, die Politik, die Frauen, die Bretagne, dass jener Schuss, mit dem er sich einst aus dem Leben zu bringen gedachte, nicht losging.

Das nahe Concarneau gelegene neugotische Schloss Keriolet steht auf den Mauern eines Vorgängerbaues aus dem 15. Jahrhundert. Auftraggeberin für das „Haus des Lichtes" – so die Übersetzung des keltischen Namens – war eine russische Prinzessin.

Manchmal, so die Bewohner der umliegenden Dörfer, kreisten Schwärme großer schwarzer Vögel über die Ruinen der Burg Tonquédec und schrien so unheimlich, dass einem das Blut in den Adern gefriere.

„Combourg übte einen entscheidenden Einfluss auf Chateaubriand aus. Wenn er es sein ganzes Leben lang verstand, die Bäume zu lieben, von Schilf und Heidekraut, von Drosseln und Nachtigallen zu sprechen, so verdankt er es dieser langen Zeit der Einsamkeit, diesen Monaten, da das Schauspiel der Natur ihm die Bewegungen seines Gemüts widerzuspiegeln schien."
André Maurois

Schloss Caradeuc (bei Bécherel) darf sich des größten klassizistischen Parks der Bretagne rühmen. Die vielen Skulpturen und Bildwerke wurden durch Mythologie und Geschichte inspiriert.

Tristan und Isolde – die größte Liebesgeschichte

Eigentlich wollte die schöne Isolde den schlafenden Tristan töten. Hatte der doch im Zweikampf ihren Onkel umgebracht. Allein dem Eingreifen von Isoldes Mutter verdankte er sein Leben. Dabei ging es freilich um ganz andere Dinge. Tristan war nämlich als Brautwerber für den bretonischen König Marke an den irischen Königshof gekommen. Der war zwar schon ziemlich in den Jahren, doch die Alternative, die Isolde hatte, noch weitaus schlimmer. So stimmte sie schließlich zu, anstatt eines ausgesprochen fiesen Truchsesses, dem sie als Siegespreis zugestanden hätte, einen Mann zum Gatten zu nehmen, den sie gar nicht kannte.

Rechts:
Der Wind versteht es, den alten Mauern so zu schmeicheln, dass sie zu reden beginnen – auch über Tristan und Isolde.

Ganz rechts:
Über geheime Gänge und Treppen eilten die Liebenden zu ihren heimlichen Rendezvous.

Glücklicherweise wusste die Mutter auch in solchen Fällen Rat und gab der Dienerin, die die beiden begleitete, ein Zaubermittel mit. Das war eigentlich für ihre Tochter und den alten König gedacht. Das Schicksal wollte es jedoch, dass es Isolde und Tristan tranken und in heftiger, unstillbarer Liebesglut entflammten: „Beide fühlten, dass sie zusammen nur ein Herz besaßen."

Unter solchen Umständen musste die Ehe mit Marke in einem Fiasko enden. Isolde betrog ihn mit Tristan, wo es nur ging. Die Liebe der beiden war längst zur Obsession geraten. Der König hegte zwar einen gewissen Verdacht und trennte sich zeitweilig von seiner Gattin. Doch nach einem Gottesurteil, bei dem es Isolde schaffte,

auch die himmlische Instanz auf ihre Seite zu ziehen, nahm er sie wieder in Gnaden auf.

Tristan, dem die königliche Burg verboten worden war, hatte inzwischen die Bekanntschaft einer anderen Isolde gemacht. Die besaß zwar keine blonden Haare, sondern nur schöne weiße Hände, aber ihm reichte schon die Namensgleichheit, um sie zur Frau zu nehmen. Die Rechnung, durch die eine Isolde die andere vergessen zu können, ging allerdings nicht auf. Nach einer schweren Verwundung pflegte ihn seine Gattin Isolde Weißhand aufopferungsvoll. Doch weder sie, noch die Ärzte vermochten ihm zu helfen. Im Gegenteil – sein Zustand verschlimmerte sich immer mehr.

Den Tod vor Augen, wollte Tristan noch einmal seine große Liebe sehen. Er schickte einen Boten nach ihr – was jedoch Isolde Weißhand verdross. Als sie das ankommende Schiff entdeckte und von ihrem Gatten gefragt wurde, welche Farbe das Segel habe, sagte sie ihm, dass es schwarz sei. Diese Lüge brach ihm das Herz. Und da er und seine Geliebte nur eines zusammen hatten, konnte auch sie nicht länger leben und folgte ihm in den Tod nach.

Kein Wunder, dass diese unglaubliche Geschichte nicht nur zum Bestseller des Mittelalters geriet, sondern – von Richard Wagner auf die Bühne gebracht – bis heute die Gemüter bewegt. Die Bretonen glauben etliche Schauplätze der Sage zu kennen. So haben sie die Klippen von Penmarc'h als jenen Ort ausgemacht, an dem Tristan nach Isoldes Schiff Ausschau hielt. Auch steht für sie fest, dass König Markes Burg auf dem vor Douarnenez gelegenen Eiland gestanden hat, das sie denn auch Tristan-Insel heißen.

Ganz links:
Wieder und wieder hieß der verwundete Tristan Isolde Weißhand durchs Fenster schauen, ob sich am Horizont ein Segel zeigte und welche Farbe es hatte.

Links:
Das Schiff, das Isolde zu ihrem Geliebten bringen sollte, warf an der Halbinsel Penmarc'h Anker. Doch als sie ankam, fand sie nur noch einen Toten.

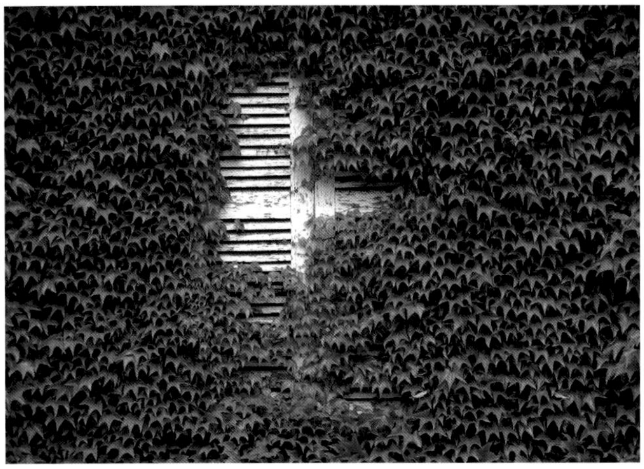

„Von allen Ländern ist die Bretagne sicherlich dasjenige, das den besten Boden für die Entfaltung einer gewissen Art von Träumen bietet. Seien sie nun hier entstanden oder aus anderen Gegenden zu uns gekommen, auf jeden Fall gedeihen hier die Mythen in einer Art Halbschatten, in einer Atmosphäre zwischen Realität und Traum, die sich anderswo so nicht findet. Es ist, als würde irgendein geistiger Golfstrom diesem Land seinen bedeutendsten Seitenarm aus verborgenen Welten schicken. Durch ihn wurde die auf einem Armutsfelsen gelegene Bretagne verzaubert. Und so findet man nirgendwo anders diese anmutige Melancholie …“

CHARLES LE GOFFIC

Die gewaltige Burg von Fougères ist die am weitesten nördlich gelegene Feste der Bretagne. Der größte Turm trägt den Namen der sagenumwobenen fischschwänzigen Wasserjungfrau Melusine, von der das Geschlecht der Lusignan, dem die Burg im 13. Jahrhundert zufiel, seine Herkunft ableitete.

In der Ville Close von Vitré scheint das Mittelalter eingesperrt. Dazu gehört auch die Erinnerung an jenen gescheiten Schneider namens Pierre Landeis, der es bis zum engsten Vertrauten König Franz' II. brachte. Seinem kometenhaften Aufstieg folgte allerdings ein umso tieferer Fall. Er wurde gehenkt.

Die wundersamste Geschichte, die von Dinan überliefert ist, handelt von der „Blutenden Wand". Als der aus dem Bretonischen Erbfolgekrieg siegreich hervorgegangene Herzog Jean IV. 1368 im Franziskanerkloster weilte, erschien plötzlich an der Wand das Bild seines getöteten Gegenspielers Charles de Blois. Der Herzog ließ es zwar schnellstens übertünchen, doch nun floss Blut in Strömen aus der Mauer.

Das Waschhaus von Vannes träumt von jenen guten alten Zeiten, als es noch gebraucht wurde. Aufgeklärte Menschen führen die seltsamen Seufzer, die manchmal dort zu hören sind, auf das arbeitende Gebälk zurück.

Ganz links:
Obwohl nur als Ruine erhalten, lässt die Burg Tonquédec noch einstige Größe und Bedeutung erahnen. Der massige Bergfried zieht nicht nur die Blicke auf sich, sondern ermöglicht selber eine großartige Rundsicht.

Links:
Auf hohem Ross: Der 1320 auf einer nahen Burg geborene Bertrand du Guesclin ließ es im Jahre 1359 auf einen gefährlichen Zweikampf ankommen, um Dinan aus der Umklammerung der Engländer zu befreien. So ist es denn auch mehr als rechtens, dass man dem berühmt-berüchtigten Mann des Krieges – der es immerhin bis zum Oberbefehlshaber der französischen Truppen brachte – auch ein Denkmal setzte.

Links:
Blick auf das Schloss von Dinan. Die ältesten Teile des imposanten Baus gehen auf das 13. Jahrhundert zurück. – Im Keller des Schlossturms befindet sich ein Wunschloch; man sagt, wer eine Münze hineinwirft, dem werde jeder Herzenswunsch erfüllt …

Linke Seite:
Nach dem Willen seiner russischen Bauherrin sollte Schloss Keriolet so aussehen, als stammte es aus einem Märchen. Auf den Dächern/Türmen balanciert nicht nur ein Bär, sondern auch ein trompetender Engel.

Côte du Léon
Golfe de St.-Malo
Côte d'Emeraude
Côte de Cornouaille
Côte d'Amour
Atlantischer Ozean
FINISTÈRE
CÔTES-D'ARMOR
ILLE-ET-VILAINE
MORBIHAN
LOIRE-ATLANTIQUE
Brest
Quimper
St.-Brieuc
Rennes
Vannes
Nantes
St.-Nazaire
Lorient
Morlaix
Roscoff
Lannion
Tréguier
Paimpol
Guingamp
St.-Malo
Dinan
Cancale
Granville
Avranches
Pontorson
Fougères
Vitré
Douarnenez
Concarneau
Quimperlé
Hennebont
Auray
Carnac
Quiberon
Belle-Ile
Le Palais
Pontivy
Loudéac
Josselin
Ploërmel
Redon
Châteaubriant
Lamballe
Landerneau
Châteaulin
Crozon
Morgat
Audierne
Pointe du Raz
Locronan
Pont Aven
Guérande
la Baule-Escoublac
Tharon-Plage
Vertou
Orvault
Couëron
Blain
Nozay
Muzillac
la Roche-Bernard
Malestroit
Locminé
Rostrenen
Gourin
Carhaix-Plouguer
Callac
Guerlesquin
Plestin-les-Grèves
Plougasnou
St.-Pol-de-Léon
Landivisiau
Lampaul-Guimiliau
St.-Thégonnec
Guimiliau
Commana
Sizun
Daoulas
Plougastel-Daoulas
Le Faou
Pleyben
Châteauneuf-du-Faou
Briec
Coray
Rosporden
Bannalec
Fouesnant
Pont-l'Abbé
Loctudy
Plogoff
Vilaine
Blavet
Loire

Der Segler im Fenster verrät nicht nur den Beruf oder die Träume des Wohnungsinhabers, sondern er ist auch Sinnbild des Landes: An drei Seiten von Wasser umgeben, gleicht die Bretagne dem Bug eines riesigen Schiffs, das vergeblich versucht, seiner Verankerung zu entkommen.

Impressum

Buchgestaltung:
hoyerdesign grafik gmbh, Freiburg

Karte:
Fischer Kartografie, Aichach

Printed in Germany
Repro: Artilitho, Lavis-Trento, Italien
Druck und Verarbeitung: Offizin Andersen Nexö, Leipzig

ISBN 978-3-8003-1869-8

Unser gesamtes Programm finden Sie unter:
www.verlagshaus.com

Fotografen

Tina und **Horst Herzig** leben in Bensheim und sind als freischaffende Fotografen und Designer tätig. Im Verlagshaus Würzburg sind von ihnen unter anderem Bildbände über Frankreich, Dänemark, England und Sachsen erschienen.

Autor

Ernst-Otto Luthardt, lebt und arbeitet in Franken. Im Verlagshaus Würzburg erschienen von ihm unter anderem Bildbände über Kreta, Israel, St. Petersburg, Polen, Norwegen, Finnland, Island und verschiedene deutsche Landschaften.